密室宝藏

手机扫一扫，看视频、听音频

视频

莫高窟

飞越敦煌

一事一生，一人一窟
赵声良

一事一生，一人一窟
苏伯民

一事一生，一人一窟
王惠民

一事一生，一人一窟
赵晓星

音频

密室宝藏
全书朗读

2021年主题出版重点出版物

写给青少年的

敦煌故事

敦煌研究院 编　赵声良 主编

密室宝藏

赵晓星　杨婕 著

读者出版传媒股份有限公司
甘 肃 教 育 出 版 社

图书在版编目（CIP）数据

写给青少年的敦煌故事．密室宝藏 / 敦煌研究院编；赵声良主编；赵晓星，杨婕著．-- 兰州：甘肃教育出版社，2021.12
ISBN 978-7-5423-5330-6

Ⅰ．①写… Ⅱ．①敦… ②赵… ③赵… ④杨… Ⅲ．①敦煌学—青少年读物 Ⅳ．①K870.6-49

中国版本图书馆 CIP 数据核字（2021）第279490号

写给青少年的敦煌故事 密室宝藏
赵晓星 杨 婕 著

策　　划　王光辉　薛英昭　孙宝岩
项目负责　伏文东　王露莹　何佩佩
责任编辑　谢　璟
装帧设计　石　璞　雷们起　张小乐
视频支持　敦煌研究院　敦煌市融媒体中心
图片支持　敦煌研究院
音频支持　甘肃飞天电子音像出版社

出　版　甘肃教育出版社
社　址　兰州市读者大道 568 号　730030
网　址　www.gseph.cn　E-mail　gseph@duzhe.cn
电　话　0931-8436489（编辑部）　0931-8773056（发行部）
传　真　0931-8435009
淘宝官方旗舰店　http://shop111038270.taobao.com

发　行　甘肃教育出版社　印　刷　山东新华印务有限公司
开　本　787 毫米 ×1092 毫米　1/16　印　张　11　字　数　122 千
版　次　2021 年 12 月第 1 版
印　次　2021 年 12 月第 1 次印刷
书　号　ISBN 978-7-5423-5330-6　定　价　58.00 元

图书若有破损、缺页可随时与印厂联系：0531-82079130

总序

敦煌石窟包括莫高窟、榆林窟、西千佛洞等，共 800 多个洞窟，其中有 5 万多平方米的壁画和 2000 多身彩塑。1900 年在莫高窟的藏经洞出土了 6 万多件古代珍贵文献和艺术品。这些无限丰富的文物，构成了敦煌文化的主体。

那么敦煌文化到底有什么价值和意义呢？习近平总书记在敦煌研究院座谈时指出，敦煌文化是各种文明长期交流融汇的结晶。敦煌文化展示了中华民族的文化自信。

敦煌作为中国古代通向西域的重要门户，中华文明同来自古印度、古希腊、古波斯等不同国家和地区的思想、宗教、艺术、文化在这里汇聚交融。敦煌文化就是中外文化交流的结晶，它见证了中华民族和丝绸之路沿线的各国各民族共同推动人类文明向前发展的历史。敦煌文化还体现了中国文化的包容性，包括对宗教的包容、民族文化的包容、审美价值取向的包容。这种包容性使敦煌文化具有世界性。

100 多年前，敦煌藏经洞文物流失海外，引起了各国学者对这些文献的研究，形成了世界性的学科——敦煌学。经过100多年的发展，今天，世界上已有20多个国家的学者在进行敦煌学和相关领域的研究，敦煌学成为中外学者相互交流的重要内容。我国的敦煌学研究曾经历了曲折的阶段，从最初“敦煌在中国，研究在国外”的状况发展到了今天学术研究走在世界前列。特别是改革开放以来，中国的学者对敦煌文化各个领域都进行了深入研究，推出了越来越多的研究成果，极大地促进了相关科研、教育及文化建设的发展。今天我们正处在中华文化振兴和繁荣的大时代，挖掘并传播弘扬优秀传统文化，是我们研究者义不容辞的责任。

文化是需要传承的。我们要将敦煌文化广为传播，让全社会都了解敦煌，并从敦煌文化中获得中华优秀传统文化的滋养，从而更好地弘扬传统文化，树立文化自信。青少年是祖国的未来，让我国的青少年从小就学习、了解敦煌文化的真髓，有利于他们正确把握我国优秀传统文化的精神。本套丛书就是希望通过青少年喜闻乐见的方式，以适合青少年年龄特征和阅读习惯的文字，深入浅出地把敦煌文化传递给他们。希望越来越多的青少年朋友们通过这套丛书了解敦煌文化、热爱敦煌文化，并从中获得丰富的知识和灵感，提高自身的文化艺术素养。

赵声良

2021年12月

目录

引言

引言

敦煌藏经洞，或称鸣沙石室、敦煌石室，即莫高窟第17窟，位于莫高窟南区崖面北端底层大窟第16窟甬道北壁。此窟建于唐代，坐北朝南，覆斗形顶，原来是晚唐高僧洪辩的影窟，也就是纪念堂，附设于他的功德窟（莫高窟第16窟）甬道。洪辩是9世纪中叶敦煌佛教界的领袖，在吐蕃占领敦煌后期，已是“沙州释门都教授”。大中二年（848），敦煌大族张议潮率众起义，洪辩带领僧团积极响应支持。他们驱逐了吐蕃统治者，一举收复沙、瓜二州，并派人出使长安奉表归唐。大中五年（851），唐朝在沙州设立归义军，张议潮成为首任归义军节度使，洪辩和尚也因功受封为“河西都僧统”，成为晚唐河西的最高僧官。

洪辩去世后，他的弟子和族人为了纪念他，在第17窟内塑了一尊洪辩真容像。这座洞窟里，窟顶和西、东、南各壁都没有壁画，西壁嵌有告身碑，上面刻着他和弟子悟真的功绩及朝廷对他们的任命。此窟北壁为主壁，壁面绘双树，西侧树下绘一手执杖、一手执巾的近事女，树上挂布袋；东侧树下画持纨扇比丘尼，树上挂水壶。泥制佛床

莫高窟第17窟　藏经洞

017
晚唐
821
900AD
151

上的洪辩彩塑像，身穿通肩袈裟，人物极为写实，充分展现出高僧洪辩当年的神情气度。彩塑像的背后还封存了洪辩的骨灰袋，绢袋中装了数枚洪辩的遗骨。佛床西向面画双履，南向面画狮子与双鹿衔花。佛教中有达摩祖师只履西归的故事，佛床的双履图也有洪辩往生西归的寓意。

在之后的100多年里，不知为什么，后人将洪辩塑像从第17窟中移走，而把大量佛教典籍、传统经典、社会文书、绢画和其他艺术品等秘藏于此，还砌墙封闭窟门，并在外面绘上壁画。从此，这个小小的洞窟便带着无数的谜团被尘封起来。在沉睡了近900年之后，直到1900年，一个名叫王圆箓的道士偶然发现了这里的秘密。王道士是湖北麻城人，因家乡连年灾荒，被迫外出谋生，后来到肃州巡防营当了兵勇。退伍之后，也许是无家可归，于是当了道士。大约1897年，已过不惑之年的王道士来到莫高窟，感慨这里为“西方极乐世界，其在斯乎”。随后，他定居此地，看护石窟，还四处奔波，苦口劝募，省吃俭用，积攒钱财，清理洞窟积沙。

清光绪二十六年五月二十六日（1900年6月22日），王道士意外发现了堆满写卷、印本、画幡等大量文物的藏经洞（即莫高窟第17窟），由此揭开了莫高窟新的历史篇章。王道士的墓志明确记载了这一历史事件：“沙出，壁裂一孔，仿佛有光。破壁，则有小洞，豁然开朗。内藏唐经万卷，古物多名，见者惊为奇观，闻者传为神物。”敦煌藏经洞为20世纪最重要的考古大发现之一，和殷墟甲骨、内阁大库档案、居延汉简一起被称为中国古文献的四大发现。

藏经洞内保存了6万多件古代各类文献，其中汉文文献的90%为佛典，包括经、律、论、疏释、赞文、陀罗尼、发愿文、启请文、忏悔文、祭文、僧传、经目等；非佛教文献占10%，内容广泛，包括四部（经、史、子、集）、道经、摩尼教典籍、景教典籍、俗文学、文书档案等。官私文书是其中最具史料价值的部分，包括符、牒、状、贴、榜文、敕书、过所、公验、度牒、告身、籍帐等，均为当时的第一手资料，较传世史籍更为直接具体。此外，还有大量用古藏文、回鹘文、于阗文、粟特文、梵文等文字写成的文献材料，丰富了少数民族生活和中西交流的历史记录。

藏经洞的艺术品主要是不同时期产生并流行于敦煌地区的绘塑作品，如绢画、麻布画、纸画，也有丝织品，如彩幡、刺绣等，还有木雕艺术品。值得一提的是，藏经洞的这些艺术品大多极其珍贵，因为这些艺术品的特殊质料在历史上很难被保存下来，更何况数量如此丰富、历史如此悠久的艺术品，在国内外极为少见，有着无法估量的价值。

藏经洞内的发现在时间、内容、数量、价值等各方面均堪称独一无二。但由于晚清国力衰微，致使这批文物在王道士手中多次流散，先后被英、法、俄、日、美诸国探险者骗取盗劫，清学部下令将所剩者运往北京，途中又遭地方官和押运官多次偷窃。现在，藏经洞的文献、文物被分藏于世界各地，收藏敦煌文献数量最多的机构有四家，即大英图书馆、法国国家图书馆、俄罗斯科学院东方文献研究所和我国的国家图书馆，敦煌绢画则主要收藏在大英博物馆、法国吉美博物馆和印度国家博物馆。

无可争议的是，藏经洞的发现，让6万余件从公元4—11世纪的珍贵文献和各类文物，在封藏近千年后重见天日。这是人类近代文化史上的一次重大发现，并引发了一门世界性的显学——敦煌学的诞生。近一个世纪以来，对于这些资料的研究，已经极大地丰富了我们对中古时代东西方文明的理解。如今，这些藏经洞的古老文献和艺术品依然是“历史的记忆棒”，无论在世界的哪一个角落，都记录着一段真实存在过的中古史。它们依然富有生命，仍然具有价值，值得活在一代又一代的记忆中。

接下来这本书就会带你一起去探寻藏经洞里的秘密，去认识那些1000年前的敦煌宝藏，那些珍贵文献、艺术品里的人和他们的故事。都说敦煌藏经洞是一个可以穿越时光的图书馆，走进去，就能打开写满古人生活与理想的记事本。让我们面对那些文献与画卷，那些岁月悠久的老物件，一起展开一场漫长而辽阔的千年对话吧。

年代最早的藏经洞文献

敦煌藏经洞出土的古代文献，时间涵盖公元4—11世纪初的600多年。收藏于甘肃省博物馆的东晋写经敦煌文献甘博001《法句经》，是现在已知最早的藏经洞文献之一。这件《法句经》为三国时吴国维祇难、竺将炎等人的译本，现仅存后半部。卷轴装，黄麻纸，长135厘米，高24.9厘米，有上下书栏。现存文字共67行，每行16～30字不等。因题记“升平十二年（368）沙弥净明”“咸安三年（373）十月廿日沙弥净明诵习法句起”有确切纪年，证明这件《法句经》写于公元4世纪。

《法句经》是一本从佛经中抄录出的偈颂集，类似于诗歌体的佛教语录或佛法要义集。这部经由公元1世纪的北印度人法救尊者整理编纂，其内容精练，意义深长，偈颂的形式又便于读诵记忆，在古印度被视为沙弥学习佛经必读的启蒙教材。这部经的汉译本很多，其中维祇难、竺将炎等人于公元225年译成的混合本，有39品，约750偈。甘博001《法句经》前部有裁切的痕迹，现存部分有两处品题，即“道行品法句经第卅八”“泥洹品法句经第卅九”，与维祇难等人的汉译本最接近。

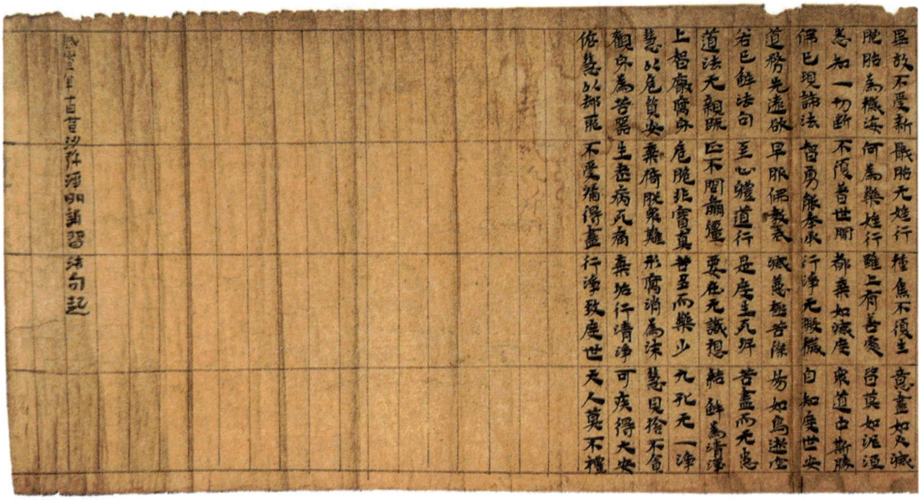

敦煌文献甘博001 《法句经》卷尾

这件文献的题记是沙弥净明于升平十二年和咸安三年的两次诵经记录。“升平”和“咸安”虽然都是东晋年号，但实际上当时敦煌地区是在前凉的统治之下。西晋惠帝时，张轨看到朝政混乱，想到河西保据一方，经朝廷批准出任凉州刺史。他到任后，重视农业，提拔贤才，注重教育，安置流民，使河西社会能够保持安定，稳步发展。西晋灭亡后，张氏仍据守凉州，成为割据西北的地方政权，史称前凉。

东晋时期，前凉虽是十六国之一，但仍奉晋为正朔，先是沿用西晋建兴年号，后又采用东晋年号。东晋穆帝司马聃的“升平”年号只有五年，前凉却一直用到“升平十五年”才改奉简文帝司马昱的“咸安”年号；“咸安”年号只有两年，前凉却一直用到“咸安六年”。所以文献中“升平十二年”“咸安三年”的纪年正好印证了前凉使用东晋年号的历史，也记录了这件《法句经》诞生和使用于前凉张天锡当政时。咸安三年，张天锡曾倡导佛教，主持译出《首楞严经》，沙弥净明诵读《法句经》，正是在前凉这种提倡佛教的背景之下的行为。

作为4世纪的佛教写经，甘博001《法句经》的书法保持了汉简书法沉雄的风格。尖锋起笔，没有回锋，收笔处又铺毫重按，保存了极浓厚的隶书捺画的余韵。竖画上粗下细，转折处多不提笔转锋。通篇气势连贯，笔力劲健挺拔，字势左低右高。书体显示了简牍书体向经卷书体过渡的隶楷合体的字体特征，展现了“写经体”楷法初期的特有风姿，让我们领略到1600多年前的书法韵味。

现存最早的围棋专著

围棋，起源于中国，中国古代称为“弈”，史籍中将其发明者追溯到上古明君尧、舜。琴棋书画，作为传统“四艺”，是人们心中最具风情雅致的趣事，自古便备受推崇。古代围棋并不仅仅是一种单纯的娱乐游戏。由于两人对弈的方式与两军作战有很多相似之处，围棋也被用来练习兵法。东汉桓谭《新论》中说：“世有围棋之戏，或言是兵法之类也。”现在有很多小朋友去上围棋兴趣班，大家在下棋时能获得博弈的乐趣。围棋班并不是一味地让大家在棋盘上对战，也会布置书面作业，让大家通过做题来提高棋力。

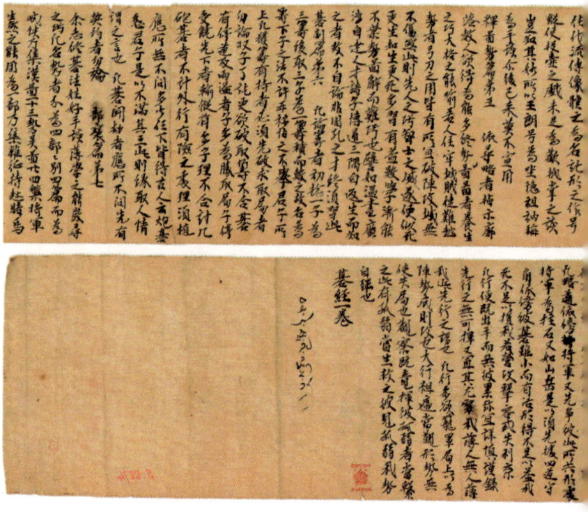

古人也有围棋教材吗？当然有！钟爱围棋的中国古人，

曾经写过大量的关于围棋的文章和著作，如东汉的《弈旨》《围棋赋》、东晋的《棋品》，南北朝时期甚至出现《棋势》《棋图》《棋品》之类专著不下20种。可惜，大量的围棋著述未能流传下来。在藏经洞出土的这件《棋经》发现之前，现存最早的围棋理论著作是北宋皇祐年间（1049—1054）张拟的《棋经十三篇》。

敦煌文献 S.5574《棋经》前部不存，据推测卷首大约缺损3到5行，现存159行汉字，尾题“碁经一卷”。“碁”通“棋”，故一般将其写作《棋经》。这件《棋经》的内容可分正文和附录两部分。正文共7篇，除第一篇名称缺失外，其他6篇分别为诱征篇第二、势用篇第三、像名篇第四、释图势篇第五、棋制篇第六、部帙篇第七，附录包括《棋病法》《棋法》和梁武帝的《棋评要略》。

关于《棋经》的成书年代和作者，这件文献没有明确的记录，但其中把“黑子”都写为“乌子”。北周太祖宇文泰小字“黑獭”，为了

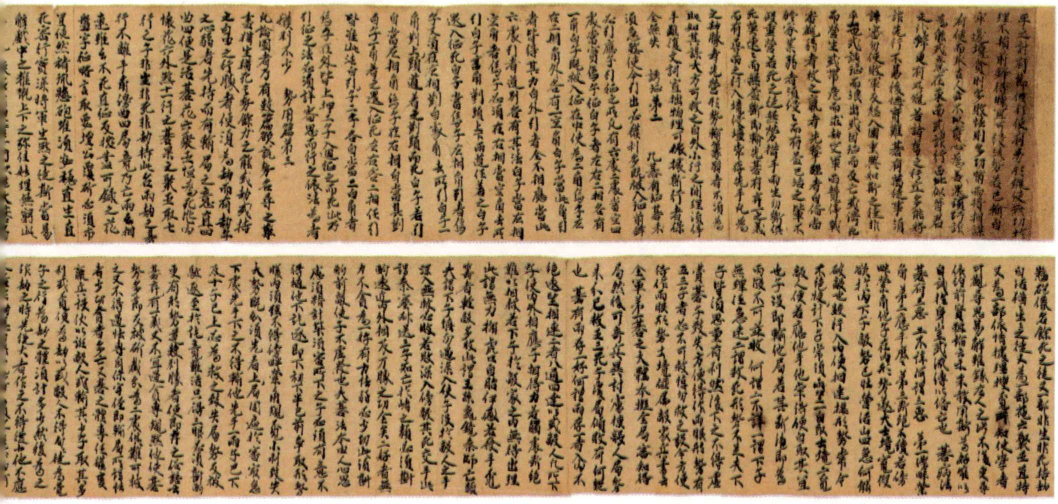

敦煌文献 S.5574 《棋经》

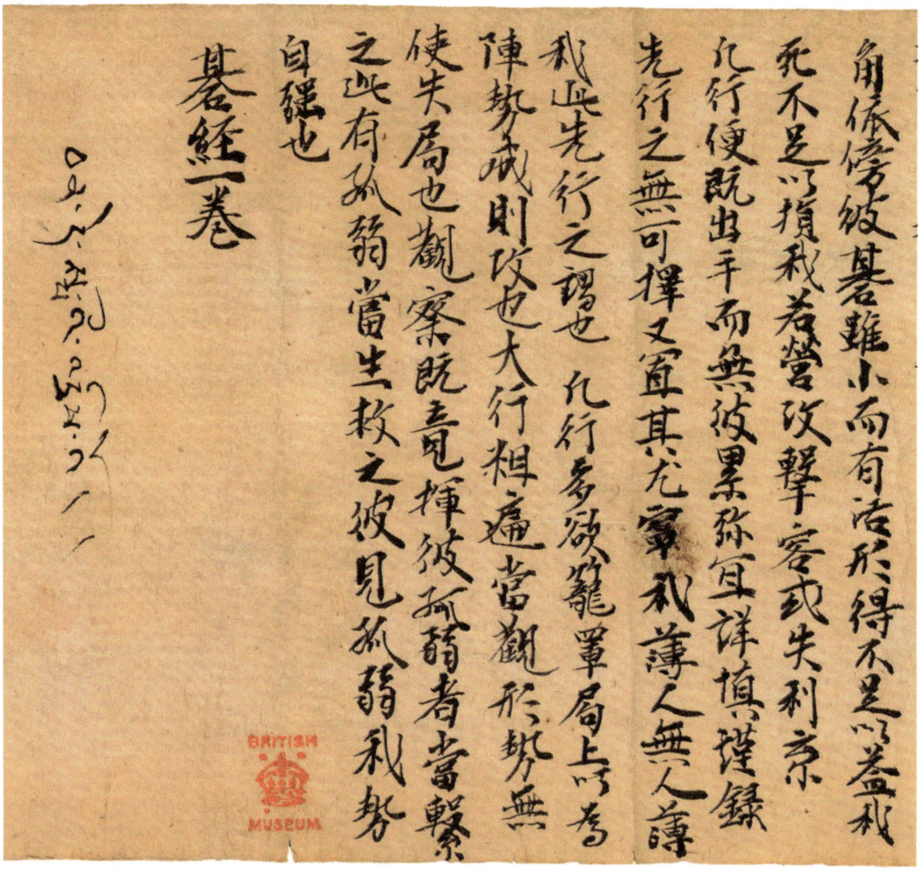
角依傍彼棊雖小而有活於得不足以益我
死不足以損我若營攻擊客或失利棄
凡行便既出手而無彼累弥宜詳慎謹錄
先行之無可擇又宜其尤審私薄人無人薄
我此先行之謂也　凡行多欲寵單局上以為
陣勢成則攻也大行相遍當觀於勢無
使失局也觀察既竟弖揮彼孤弱者當繫
之此有孤弱當生救之彼見孤弱我勢
自強也
棊經一卷

敦煌文献 S.5574 《棋经》卷尾

避太祖名讳，北周专门下诏改“黑”为“乌”。“乌子”一词的出现，说明这件《棋经》的撰写时间应在北周时期（557—581）。而其中所写的棋法、术语都明显比唐宋更为古奥，提到的人物、典故也没有南北朝以后的，所举的围棋高手最晚的一位是北齐的王子冲，也佐证其成书时间应是在北周时期。从现在文献的字体和出现的一行藏文来看，其在敦煌抄写的时间应是中唐到五代时期。

作为现存最古老的围棋专著，敦煌《棋经》的成书时间比北宋张拟的《棋经十三篇》早近500年！其中保留了若干久已失传的古代弈棋制度和棋法，还提供了若干张拟著作中未载的围棋原理和战略战术，保存了同样在历史上失传的梁武帝萧衍《棋评要略》等佚文。敦煌《棋经》是一部法则性、竞技性、哲理性很强的围棋专著，在围棋发展史上有着重要的历史地位。

敦煌《棋经》这部在中国古代文献中没有见到、也没有被提到过的著作，为什么会出现在藏经洞？是不是一位古代的围棋爱好者把它抄下来，机缘巧合被保留下来、尘封在藏经洞中？这也只是我们的猜想而已，但敦煌地区在唐代确实盛产棋子，甚至敦煌的棋子还作为贡品呈送到中原王朝，并在1000多年后出土过实物。

唐《通典》记载："天下诸郡每年常贡，按令文，诸郡贡献皆尽当土所出……敦煌郡贡棋子廿具。"唐朝全国各郡县的贡品中，敦煌郡需贡围棋子20具。可见早在唐代，敦煌就以制造围棋子而在京都长安享有盛名。唐高祖李渊爱好围棋到了"通宵连日，情忘厌倦"的地步，唐玄宗也是常常与大臣对弈的围棋迷，难怪贡品里会索要敦煌的棋子了。

贞观七年（633），敦煌由西沙州改名为沙州，下辖敦煌、寿昌两县，寿昌县就是围棋子的产地。考古人员曾经在敦煌寿昌城遗址采集到66枚围棋子，其中黑

棋子　敦煌寿昌城出土

色41枚，白色25枚。古寿昌城南有龙勒山，盛产白玉和水晶石；北有博格多山，属天山余脉，多产红、黑玉石和冰洲石。敦煌向朝廷进贡的围棋子大概就是用这两座山上所采的白、黑石料制作的。这些棋子虽历经风沙，但出土时依旧能看出经过精细的磨制。棋子呈圆饼状，中间凸起，重量为12克左右。从武德到天宝的100多年中，敦煌每年都向中央进贡棋子。如果以武德时的20具为例，即使是按最少17道的棋盘计算，也需要5780枚棋子，这些棋子在当时可是完全由手工磨制，是非常大的工作量！

敦煌壁画中的维摩诘经变当中，也出现了下棋的画面。维摩诘是古印度毗耶离城的大富豪，是在家修行的居士。他虽然没有剃度出家，但对佛法的理解却超过了佛的诸大弟子。维摩居士拥有大量的财富，

莫高窟第7窟　维摩诘经变之弈棋图

有妻妾儿女，远离各种世俗的烦恼，经常出入各类场所度化他人，不管走到哪里都为别人讲说佛法。为了表现维摩诘在各处为人说法的情节，敦煌壁画中绘制了两人下棋的画面，画中两人坐于棋案左右，分执黑白子正在对弈，维摩居士则坐在棋案一侧为两人说法。在没有摄影设备的古代，画师就这样形象地将棋手对弈的画面记录在墙壁上。

唐太宗的御笔行书

藏经洞出土的敦煌文献，时间跨度从公元4世纪到11世纪，这600多年正是中国汉字发展演变的关键时期。从书法史的角度来看，藏经洞古代文献的作者，与相应的东晋至北宋的书法名家为同时代人，这些作品能够反映中国书法在各时代的不同特点。中国书法字体

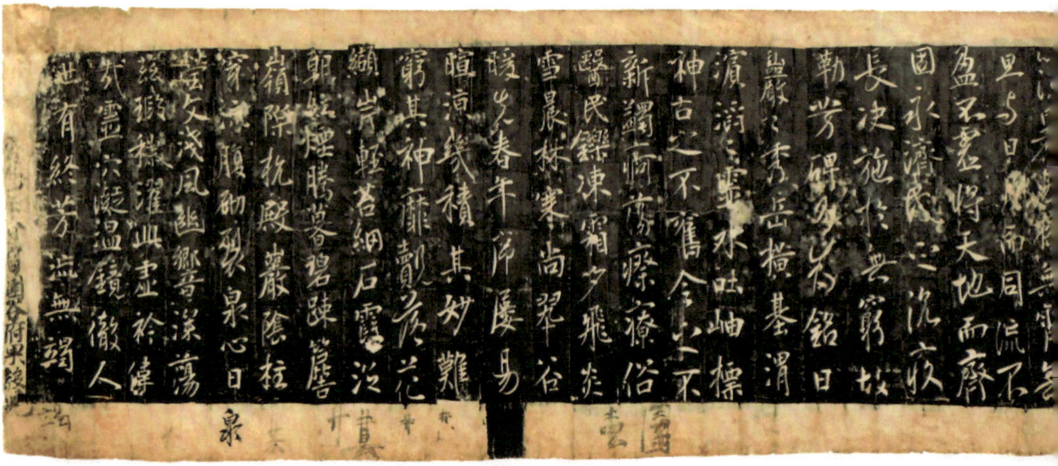

从秦代典型的小篆、东汉成熟的隶书到唐代规范的楷书，一步步演变过来，这在敦煌文献中有着最真实形象的记录。敦煌文献中甚至保存了不少书法名篇的临本、摹本，还有最为稀见的3件唐代拓本，其中之一就是对唐代书法最有影响力的皇帝——唐太宗李世民的御笔拓本《温泉铭》。

唐太宗李世民是唐朝的第二位皇帝，他在位时政治清明、经济复苏、文化繁荣，史称“贞观之治”，为后来唐朝100多年的盛世奠定了基础。这位中国历史上著名的政治家、军事家，还爱好文学和书法，也有自己的代表作传世。说到唐太宗的书法，就不得不提东晋大书法家王羲之。王羲之被认为是中国书法承前启后的集大成者，他留下了书法史上多件巅峰之作。其中最著名的就是他和朋友在会稽山兰亭聚会，饮酒微醉后写的《兰亭序》，被誉为“天下第一行书”。唐太宗是王羲之的“迷弟”，他在位时在全国掀起了学习王羲之书法的热潮，连

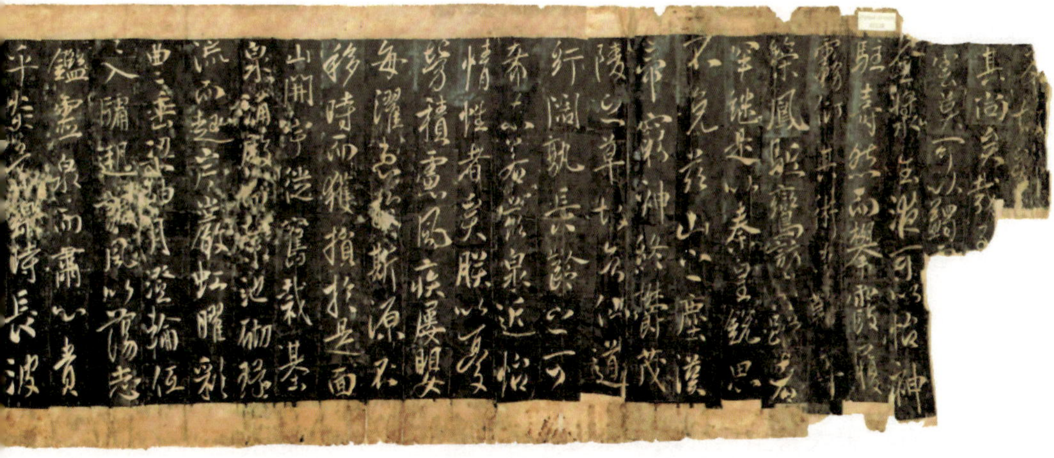

敦煌文献 P.4508 《温泉铭》

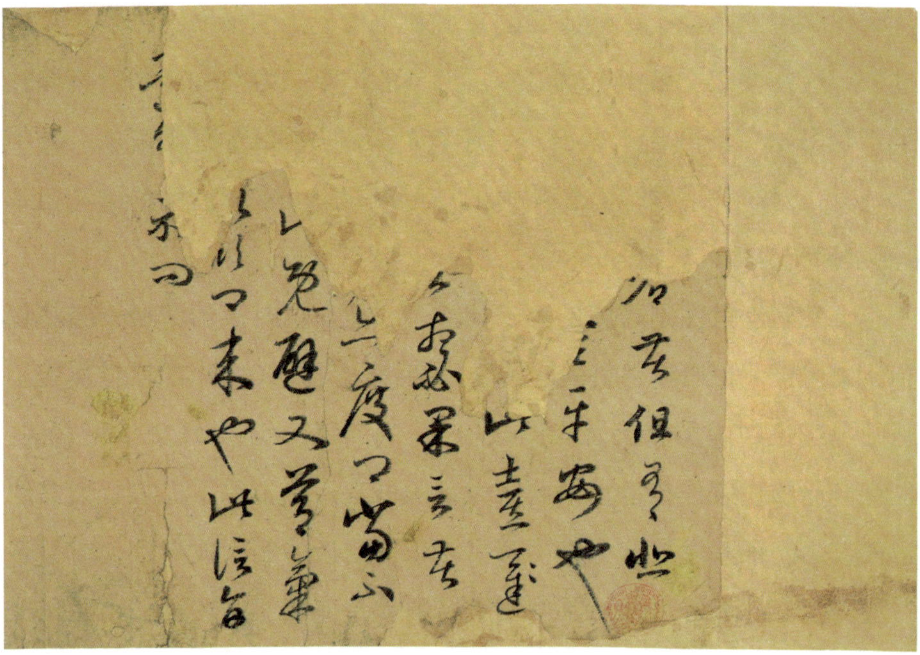

敦煌文献 S.3753　唐人临《瞻近帖》局部

敦煌文献中都保存了唐人临写王羲之草书作品《龙保帖》《瞻近帖》的残片。

唐太宗对王羲之的热爱，简直到了着迷的程度。他亲自为《晋书》撰写王羲之传的赞文。在《二十四史》里，皇帝亲自为一个人写传赞属绝无仅有，可见李世民对偶像的执着与真诚。这位大牌“追星族”还不惜重金广为收罗王羲之的书法作品，在宫中藏有王氏真迹达3600纸，据说甚至将《兰亭序》都做了他的陪葬品，从此尘封地下生死不离。最重要的是，唐太宗身体力行学习王羲之书法，把自己练成了一位真正的书法家。唐太宗虽然钟爱王羲之，却知道不能一味临摹，必须在书法创作上走出一条创新之路。他说：“今吾临古人之书，殊不学其形势，惟在求其骨力。及得骨力，而形势自生耳。”唐太宗的书法流利洒脱，力在字中，浑厚而凝练，给人一种平和、沉着之感。

怎么知道唐太宗字写得好？因为这位皇帝书法家留下了如《晋祠铭》这样的传世作品，而藏经洞出土的《温泉铭》拓本又增加了新的例证。《温泉铭》原是唐太宗撰写的一块行书碑文，内容主要是描写骊山温泉并赞颂其疗病的功效。此碑立于公元648年，原碑已遗失。在藏经洞发现的敦煌文献 P.4508《温泉铭》是唐太宗手书碑刻拓本。这件

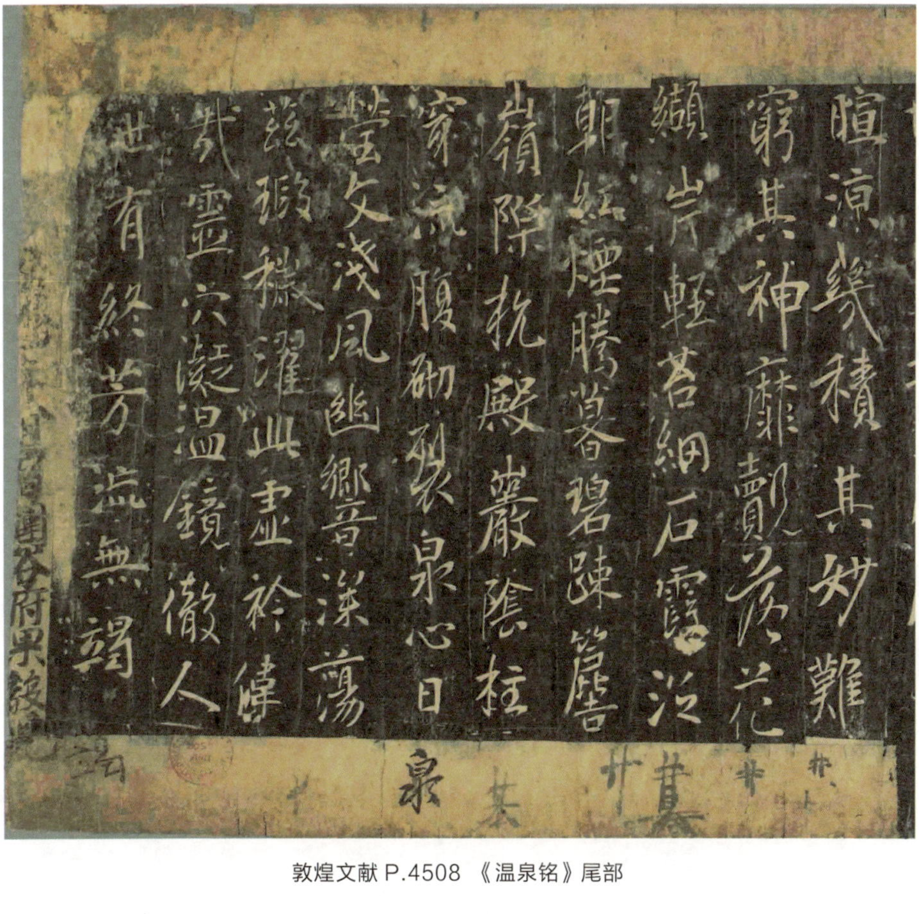

敦煌文献 P.4508 《温泉铭》尾部

拓本现藏于法国国家图书馆，上有永徽四年（653）的题记，可知其为初唐时期从碑上拓得。

《温泉铭》是唐太宗晚年所书，与《晋祠铭》为同一时期作品，体现了他书法艺术的典型风格。这幅行书雍容大度、绮丽洒脱，明显有王羲之、王献之父子的“二王”书风，又可见太宗自身的特色。用行书刻碑，唐太宗是第一人。书法家启功先生评价这件拓本：“此碑中点画，细处入于毫芒，肥处弥见浓郁，展观之际，便觉一方黑漆版上用白粉书写而水迹未干也。”

敦煌藏经洞，宛如一座书法档案馆，从6万多件敦煌文献中，我们可以清楚地看到中国书法字体的演变过程，无数古人在一笔一画中写出了那600多年的中国书法史。

中国第一部国家药典

在敦煌藏经洞出土的古代文献中，有大量医药类文献，现知总数约80种，内容包括医理、诊法、本草、医方、针灸等方面，这类文献统称为敦煌医药文献。史载隋唐时期我国的医学典籍数量已经相当丰富，但绝大多数都没有留存下来，敦煌医药文献恰好弥补了传世医书不足的缺憾。这些文献充分反映出隋唐时期我国的医药学成就，其中保存的1000多个单方至今在临床医学上仍有应用价值。通过对它们的整理研究和开发利用，还促进了实用性极强的敦煌医学的诞生。敦煌医药文献中不仅有古医书如《素问》《针经》《伤寒杂病论》《脉经》的早期传本，还保存了已经佚失的唐代官修药典《新修本草》。

《新修本草》成书于唐显庆四年（659），是唐高宗时由政府组织苏敬等20余人编写的一部医药学大典，也被称为《唐本草》。《新修本草》是在陶弘景《本草经集注》一书的基础上发展起来的，分为本草、图经、药解三部分。藏经洞出土的《新修本草》共6件，抄写时代不详，分别藏于中国国家图书馆、日本杏雨书屋、法国国家图书馆

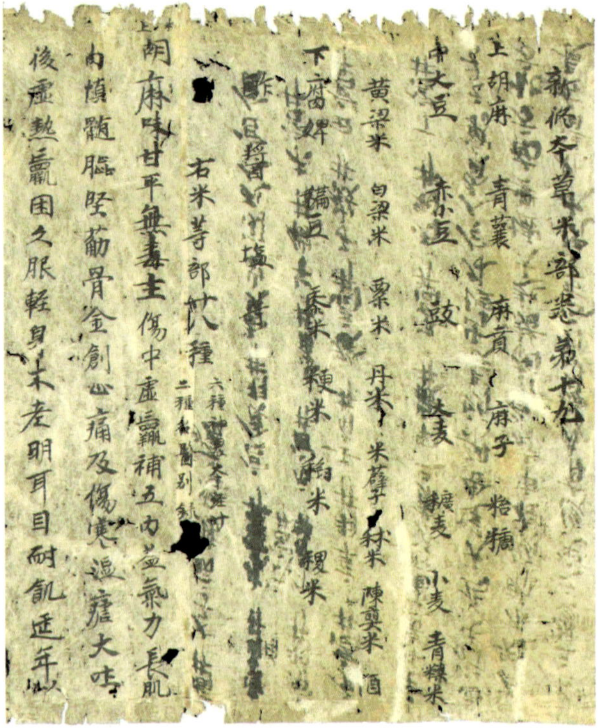

敦煌文献 S.4534 《新修本草》局部

及大英图书馆等。其中，中国国家图书馆藏BD12242与日本藏羽40残卷可拼缀，大英图书馆藏S.4534与S.9434可拼缀，实为4个残卷。虽断篇残帙，但价值极大。尤其是法藏P.3714残卷，是唯一以朱墨杂书的形式写成的一卷，也是目前最接近《新修本草》原貌的残卷。

《新修本草》全书共54卷，包括正文20卷及目录1卷、《新修本草图》25卷及目录1卷、《本草图经》7卷。本草部分记载了药物的性味特点、产地、采集要点、治疗功效等，图经根据药物的实际形态描绘出图样，药解则是对药物的文字说明。书中共收载了844种药物，比《本草经集注》原书增加了114种，其中还有一部分是外来药品，如安息香、龙脑香、胡椒、诃黎勒等。除增加药物品种外，《新修本草》全书还对原有药物加了按语，对药物理论等做了详细补充。最有意思的是，书中还记载了用白锡、银箔、水银调配成补牙用的填充剂——这也是世界医学史上最早关于补牙的文献记载。

由于《新修本草》内容丰富，所以一经问世立刻四散传播。唐代来中国求法的日本僧人把它带回日本，对日本医学界影响很大，当时的日本“凡医生皆读苏敬《新修本草》”。这部图文并茂的《新修本草》，是此前1000多年我国药学知识的集大成之作。作为唐高宗组织编写并颁布的官方药典，《新修本草》比欧洲最早的药典——1498年出版的《佛罗伦萨处方集》早了800多年，它不仅是中国第一部国家药典，也是全世界最早的国家药典。

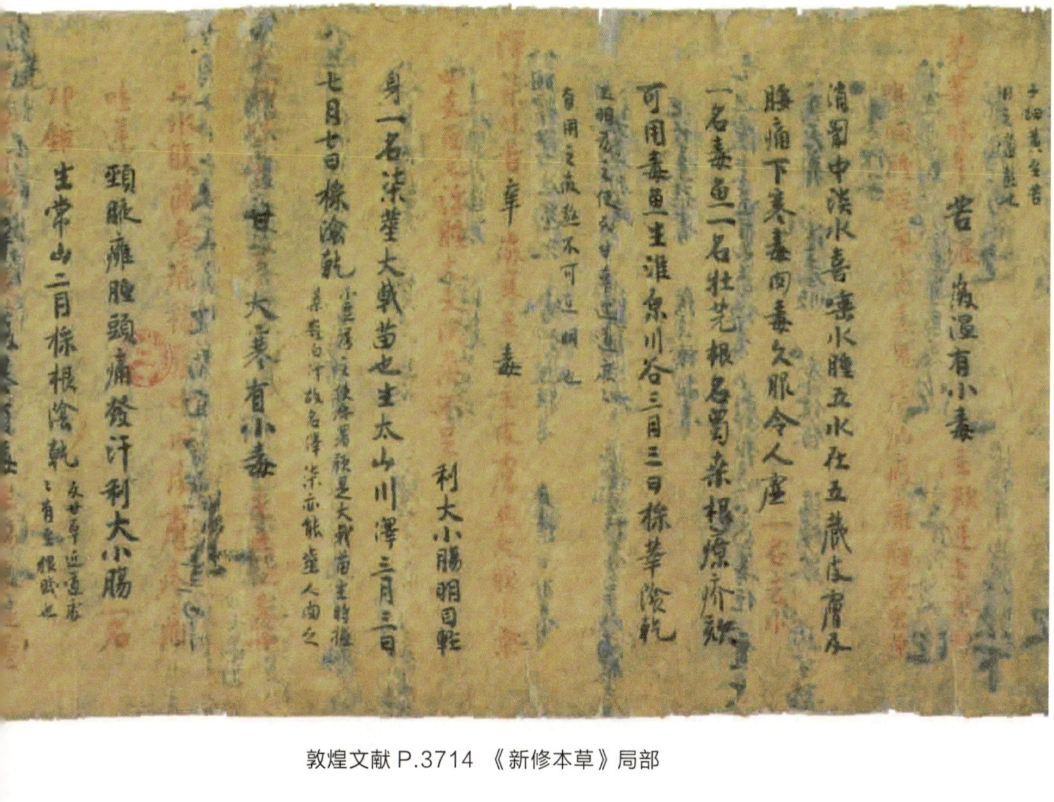
苦 微温有小毒
清留中淡水喜噎水腫五水在五藏皮膚及
腰痛下寒毒肉毒久服令人虚
一名毒魚一名牡芫根名蜀桼根療疥瘙
可用毒魚生淮源川谷三月三日採華陰乾
辛 毒
利大小腸明目輕
身一名漆莖大戟苗也生太山川澤三月三日
七月七日採陰乾
甘 大寒 有小毒
頸腋癰腫頭痛發汗利大小腸
生常山二月採根陰乾

敦煌文献 P.3714 《新修本草》局部

武则天的宫廷写经

敦煌藏经洞出土的古代文献，有90% 都是佛教文献，其中最多的是佛经。这些佛经中不仅有大量的民间写经，还有相当珍贵的官方写经，而品相最好的莫过于唐代的宫廷写经。这些宫廷写经除了佛教的《妙法莲华经》(以下简称《法华经》)、《金刚般若波罗蜜经》(以下简称《金刚经》)，甚至还有道教的《一切道经》。它们书写规范，纸张优良，卷尾题有规范的官修抄经题记。根据这些官修尾题判断，敦煌文献中保存的唐代宫廷写经达50多号，而且均为高宗时期武则天组织抄写颁行的。

武则天为什么要组织抄写这些佛、道经典？从敦煌文献中的这些宫廷写经的发愿文和尾题来看，《法华经》和《金刚经》来自武则天为过世父母所做的荐亡追福活动，《一切道经》则是为她已去世的长子李弘所抄。在唐代，人们认为为故去的亲人抄写佛、道经典，可以起到超度亡者、积累功德的作用。

武则天的父亲应国公武士彟，早在贞观九年（635）武则天十二岁时就已去世，当时赠礼部尚书，谥号“定”。在永徽六年（655）武则天

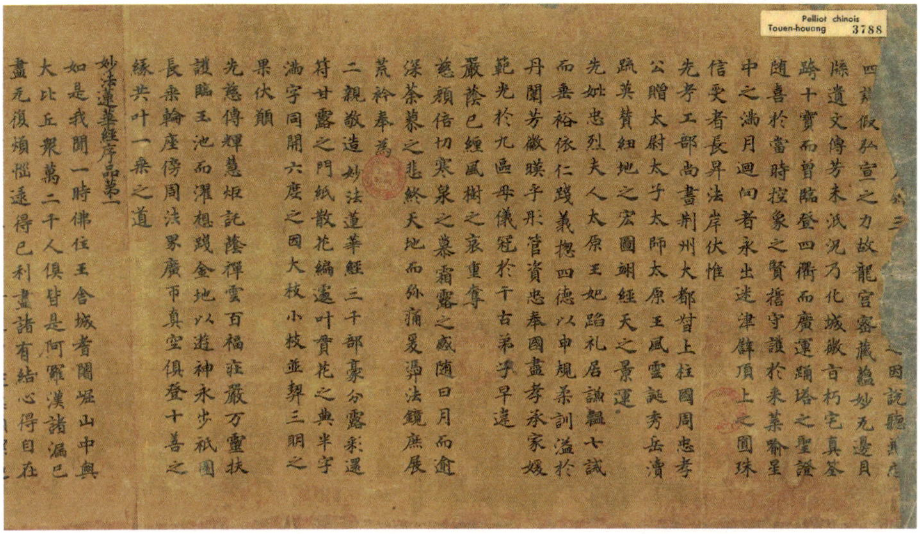

敦煌文献 P.3788 《妙法莲华经 · 序品第一》卷首发愿文

成为皇后之后，父凭女贵，显庆元年（656）追赠司徒，封周国公。此后不断追赠，长寿二年（693）甚至将谥号加为“无上孝明高皇帝”。武则天的母亲杨氏于咸亨元年（670）九月去世，除了赠敕封爵，京城九品以上文武官员及外命妇都参加了凭吊和送葬丧事。武则天作为当时的皇后，政治地位毋庸置疑，咸亨元年其母杨氏过世时，还追赠其父亲为太尉兼太子太师、太原郡王，杨氏赠鲁国夫人、太原王妃，谥号“忠烈”。

为表达对父母的哀思，武则天以女儿的身份为父母做了很多荐亡追福活动。她舍母杨氏宅院为寺，让女儿太平公主出家当道士，出资修造佛像，请少林寺僧人做功德法事，发愿抄《法华经》《金刚经》各3000部。《法华经》为七卷本，《金刚经》为一卷本，这些非同一般的宫廷写经若全部完成，当写有《法华经》21000卷，《金刚经》3000卷。在古代没有打印机的时代，这可谓一项浩大的书写工程。从现在已知

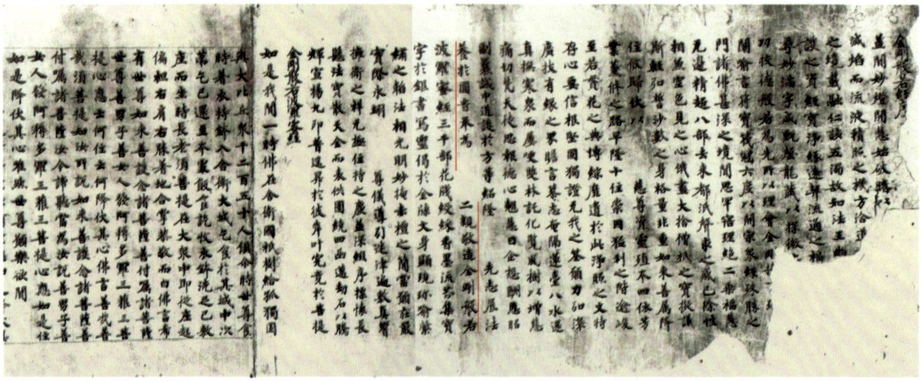

敦煌文献高博001 《金刚般若波罗蜜经》卷首发愿文

的这些武则天组织抄写的《法华经》和《金刚经》来看，《法华经》从咸亨二年（671）抄到仪凤二年（677），历时6年；《金刚经》从咸亨三年（672）抄到仪凤元年（676），历时4年。

这些宫廷写经基本遵循“发愿文＋佛经正文＋官修尾题”的格式，不仅文字抄写规范，还能反映出当时的抄经管理制度。写在最前的发愿文主要叙述抄经目的和发下的心愿，内容强调了信仰《法华经》《金刚经》的重要性，并写明这些经是为“二亲”即武则天的父母而抄写的，祈愿他们早登法界修成正道。平民百姓抄经时，往往将发愿文写在经尾，只有皇帝、皇后才有资格把发愿文放到经文之前。佛经的正文部分，均采用鸠摩罗什译本，两经的鸠氏译本也是至今最为流行的版本。在经卷最后的尾题，记录了这些佛经的抄写情况，反映出唐代宫廷写经抄写的全过程。

为完成武皇后为父母抄经的愿望，政府召集了大量高僧，组建了以太原寺为核心的校阅僧团，加上官方书手和装潢工匠、给付管理物资材料的官派判官，以及进行领导、监督的写经使，共同组成了一支顶级抄经团队。遗存的敦煌宫廷写经用纸非常考究，楷书字迹优美，几乎找不到错误。抄经遵循一定的规范要求，所有参与者，如抄经书手、装潢工匠、校阅高僧、判官和写经使等，都署名在尾题中，参与者的特殊身份、写经的规格与等级都体现了皇家威仪。

这些写经首先由书手抄写，书手是以书写文字为生的专职写手。武则天为父母追福抄写经书，抄写这些经书的书手有专门从事抄经的“经生”，也有来自门下省、秘书省、弘文馆、左春坊等官方机构的“楷书手”。如弘文馆，属门下省，掌书籍之校录、教授皇家和京官子弟以及参议朝廷制度和礼仪等。还有左春坊，是太子东宫詹事府的内部官署机构，为太子从事文教方面事务的顾问。每件写经一般仅由一位书手抄写，但敦煌宫廷写经的尾题署名共有30名书手，他们都应是唐朝中央政府机构内的专职书手。

上述佛经在书手署名之后，还要写用纸多少张。古代纸张的宽度、长度有限，因此这类长卷轴往往由数张纸连接而成。这些纸张经过防

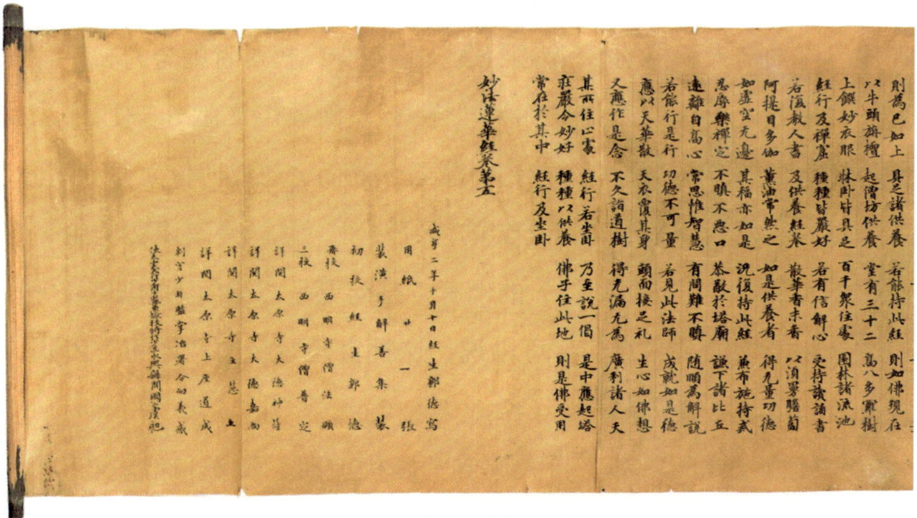

敦煌文献 S.84 《妙法莲华经》卷五尾题

虫处理，造纸时加入了一些防虫药物，还要用硫黄等熏蒸，然后再打磨平整。看来有些古代纸张是真的有毒。经几道工序特殊处理过的纸张成本很高，唐代这样的纸张应该算是奢侈品，不是一般人能用得起的。唐代标准的宫廷写经一纸（28厘米 ×48厘米左右）为28行，每行17个字；一卷经需纸若干张，最后要把这些纸粘在一起，护首、拖尾做好，才算完工。这种用若干纸粘成长幅、用木棒作轴（也有用金、玉、象牙等作轴的），可以从左向右卷成一束的书籍装订形式叫卷轴装。负责将纸张粘连成卷并进行装裱的人就是“装潢手”。耐人寻味的是，除敦煌文献 S.5319之外，其他有尾题的宫廷写经都是由一位名叫“解善集”（有时简写成“解集”）的装潢手装裱完成的。

书手将经文抄写完成之后，还要经过严格的校对和审阅。校对程序包括初校、二校和三校，一共3次。有时抄经人自己也承担初校，但多数校对工作都由他人完成。《法华经》仅少数初校人是书手，而大量的初校、二校和三校工作都是由长安大总持寺、大庄严寺、西明寺等16座寺院的僧人承担的。《金刚经》文字较少，校对者则全为书手，没有一名僧人。审阅的工作被称为“详阅”，除敦煌文献 S.5319外，其他写经负责“详阅”的均为神符、慧立、嘉尚、道成四位太原寺高僧。其中慧立和嘉尚都曾参与过玄奘的译经活动，慧立是叙述玄奘生平事迹的《大慈恩寺三藏法师传》的作者，嘉尚更是玄奘门下的四哲之一。道成是相部宗的著名律僧。可以说，这批宫廷写经的“详阅”团队算得上是高宗时期僧界的最强阵容。

为什么“详阅”都来自太原寺？唐代前期，长安和洛阳有3座太原寺，其中安定坊的太原寺此时已改名福林寺。另外两座太原寺，都

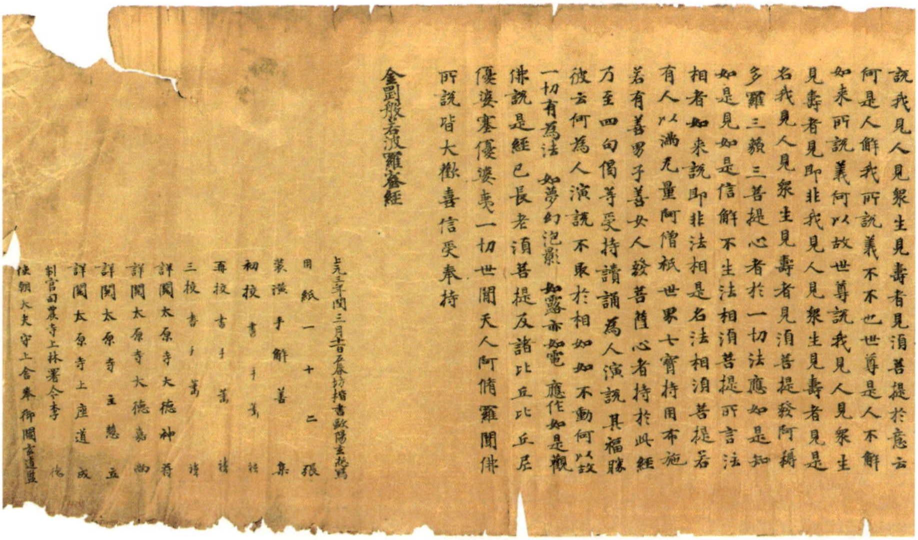
說我見人見衆生見壽者見須菩提於意云
何是人解我所說義不不也世尊是人不解
如來所說義何以故世尊說我見人見衆生
見壽者見即非我見人見衆生見壽者見是
名我見人見衆生見壽者見須菩提發阿耨
多羅三藐三菩提心者於一切法應如是知
如是見如是信解不生法相須菩提所言法
相者如來說即非法相是名法相須菩提若
有人以滿無量阿僧祇世界七寶持用布施
若有善男子善女人發菩薩心者持於此經
乃至四句偈等受持讀誦為人演說其福勝
彼云何為人演說不取於相如如不動何以故
一切有為法 如夢幻泡影 如露亦如電 應作如是觀
佛說是經已長老須菩提及諸比丘比丘尼
優婆塞優婆夷一切世間天人阿脩羅聞佛
所說皆大歡喜信受奉持

金剛般若波羅蜜經

上元三年閏三月廿一日左春坊楷書歐陽玄悊寫
用紙一十二張
裝潢手解善集
初校書手蕭禕
再校書手蕭禕
三校書手蕭禕
詳閱太原寺大德神符
詳閱太原寺大德嘉尚
詳閱太原寺主慧立
詳閱太原寺上座道成
判官司農寺上林署令李德
使朝大夫守上舍奉御閻玄道監

敦煌文献 S.513 《金刚般若波罗蜜经》尾题

是武则天为祈福而舍母杨氏宅或族宅所建的寺院。隋唐时期，世家大族主人故去，子女有将其宅院施舍为寺的追福习俗。武则天也不例外，曾舍东都洛阳教义坊其母杨氏旧宅为太原寺，此寺后迁至城东的积德坊；而长安休详坊太原寺，原为武则天母杨氏族兄杨恭仁宅。那么敦煌的这些宫廷写经到底是出自哪个太原寺呢？根据阅经僧人都是来自长安寺院的高僧判断，当时抄经的地点更可能是长安休详坊的太原寺。既然是武后为父母抄经，自然会用自家舍宅所建寺院的僧人。

讲完抄写、校对、审阅的人员，我们再看看此次抄经活动的官方代表。因为是皇家抄经，抄经数量也很大，物资协调和后勤保障就涉及官府机构和皇家寺院，这项多年“书写工程”就需要有代表官方督办的判官和写经使。判官先后有李善德（李德）和向义感，写经使为虞昶和阎玄道。判官职衔为上林署令和少府监掌冶署令，他们职务较

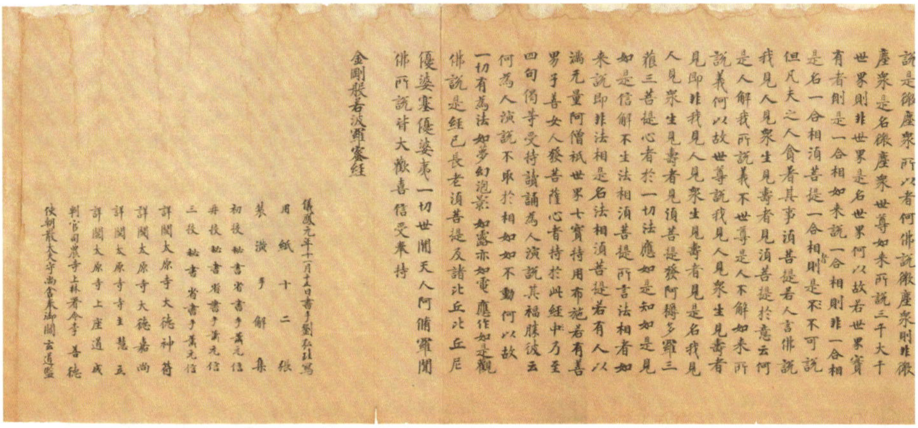

敦煌文献 BD14490 《金刚般若波罗蜜经》尾题

低，实际上是官府物资管理机构的官员。两位写经使可不寻常，只看姓氏可能就会想到，他们均来自唐代书法、绘画世家。

虞昶，虞世南长子，官至工部侍郎，两唐书均有记载。虞世南是唐初著名的政治家和书法家，是享有陪葬昭陵待遇的“凌烟阁二十四功臣”之一，唐初“十八学士”之一，其书法与欧阳询、褚遂良、薛稷合称“初唐四大家”。虞昶家世背景显赫如此，那另一位阎玄道呢？虽不见史载，但据新出《大周故尚方监丞阎府君墓志铭并序》可知“府君讳泰，字玄道”。阎玄道，即阎泰，系唐初画家阎立德第三子，阎立本的亲侄子。阎玄道续虞昶接任写经使，任职2年左右，其任写经使的结衔“使朝散大夫守尚舍奉御”与墓志中结衔一致，后因下属犯罪而贬官桂州，10余年后又获武则天启用，任尚方监丞，掌管宫廷百工技巧诸务。

武则天除了组织为亡父母抄写《法华经》和《金刚经》之外，还为自己的儿子李弘抄写了《一切道经》。李弘是武则天为唐高宗生的第一个儿子，显庆元年（656）册立为皇太子，上元二年（675）随行洛阳，猝死于合璧宫绮云殿，时年仅23岁。唐高宗和武则天悲痛不已，追赠李弘为孝敬皇帝，以天子之礼葬于恭陵。敦煌文献 S.1513《一切道经》篇首为“一切道经序御制”，先是叙述道经之行世，之后以母亲的口吻讲述孝敬皇帝的德行、哀悼其亡故，最后表明抄写此经为孝敬皇帝造福。序文中武后自言感痛难胜，与唐高宗所写《孝敬皇帝睿德纪》中的“天后心缠积悼，痛结深慈”相吻合。

无论是为亡父母抄写的佛经，还是为亡儿抄写的道经，都可以看出武则天动用官方力量，为亡故至亲进行了一系列“巨大工程”。武则天造《法华经》《金刚经》及为亡父母做功德的一切活动，都体现出儒家的“孝亲”观念；为儿子李弘抄写《一切道经》，则展现出武氏“母慈”的一面。“孝亲”“母慈”都是中国传统儒家思想的体现，武氏的抄经活动，营造了自己“孝亲”“母慈”的正面形象，也为她以后的政治生涯赚得了印象分。

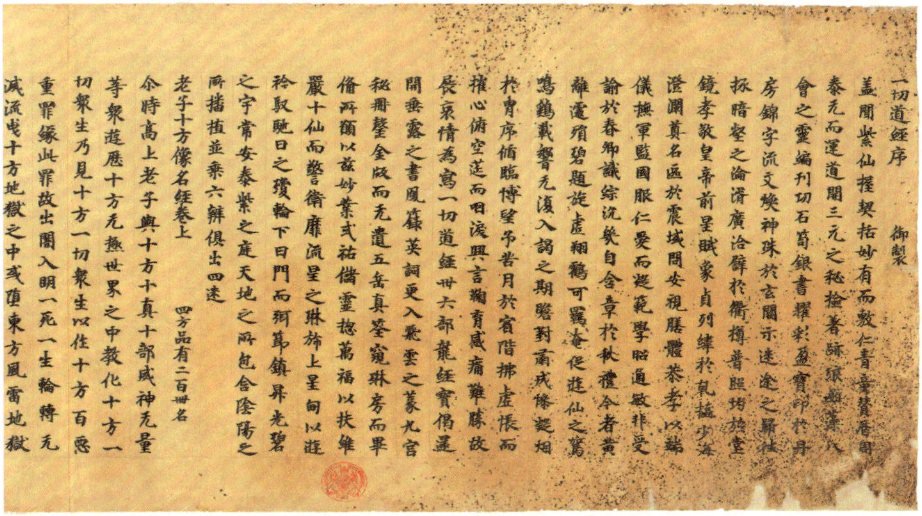
一切道經序　御製
蓋聞紫仙握契括妙有而敷仁青童贊曆司
泰元而運道闡三元之秘撿著跡綠簡藻八
會之靈編刊切石篆銀書耀彩盈寶印於丹
房錦字流文煥神珠於玄闕示迷塗之歸杜
拯暗壑之淪滑廣洽辭於衢樽普照均於堂
鏡孝敬皇帝前星賦象貞列緯於乾樞少海
澄瀾貴名區於震域問安視膳體恭孝以端
儀撫軍監國服仁愛而凝範學貽通敏非受
諭於春卿識綜沈幾自含章於秋禮今者黃
離靈殞碧題旋虛翔鶴可羈奄促游仙之駕
鳴鶴載響无復入謁之期瞻對肅戒脩遲烟
於胄序循臨博望弔昔月於宵階拂虛帳而
摧心俯空筵而洇泫興言鞠育感痛難勝故
展哀情為寫一切道經卅六部龍經寶偈逿
開垂露之書鳳篆英詞更入飛雲之篆九宮
秘冊鏨金版而无遺五岳真鏨窺琳房而畢
備所願以茲妙業式祐儲靈總萬福以扶維
嚴十仙而警衛靡流星之琳旆上星甸以遊
衿馭馳日之殞輪下日門而珂節鎮昇光碧
之宇常安泰紫之庭天地之所包含陰陽之
所播植並乘六辯俱出四迷
老子十方像名經卷上　四方品有二百卌名
尒時高上老子與十方十真十部威神无量
等衆遊歷十方无極世界之中教化十方一
切衆生乃見十方一切衆生以往十方百惡
重罪緣此罪故出闇入明一死一生輪轉无
滅流曳十方地獄之中或墮東方風雷地獄

敦煌文献 S.1513 《一切道经》之御制序文

全世界最古老的星图

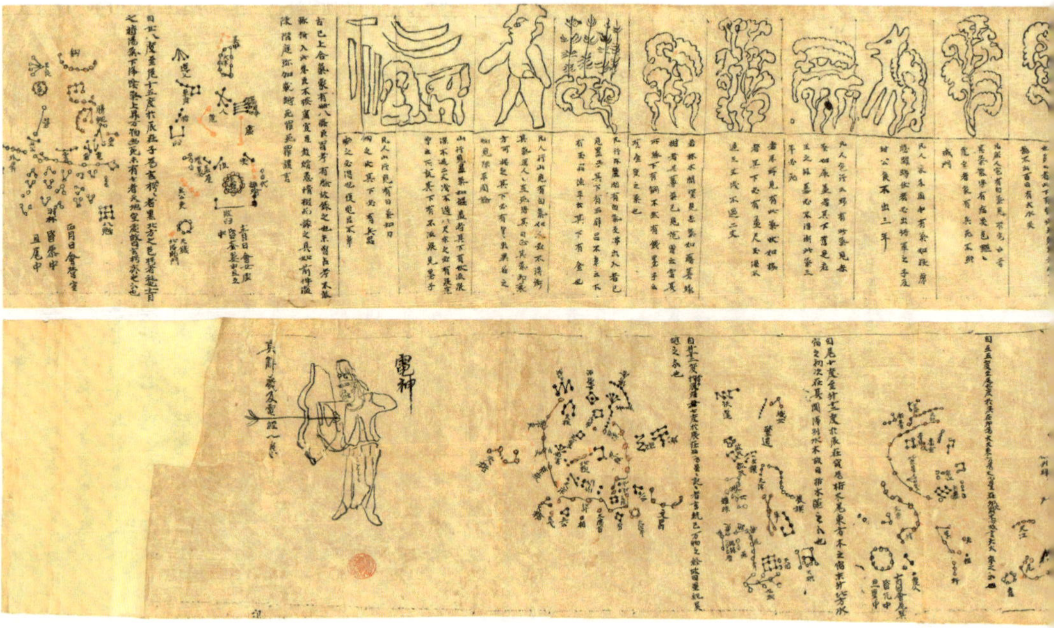

小时候，当我们仰望浩瀚神秘的夜空，看着闪烁不定的繁星，总喜欢指着其中一颗说那是自己的星星。古人认为天上的星星能够预示人间的悲欢。那些自认为“君权神授”的皇帝们，非常看重“夜观天象”得出的所谓预言。汉宣帝督促老臣赵充国率军平定羌人之乱时，甚至以“今五星出东方，中国大利”为理由。1995年在新疆和田尼雅遗址的一座古墓中还出土了“五星出东方利中国锦护膊”，可见古人多么相信来自星星的预言。对天象变化的关注，也促进了古代天文学的产生和发展。

在敦煌藏经洞的文献中，保存了丰富的天文学资料。其中，最引人注目的是两幅精美的古代星图，即敦煌文献S.3326中的《全天星图》和敦博076中的《紫微垣星图》，它们又分别被称为敦煌星图甲本、乙本。

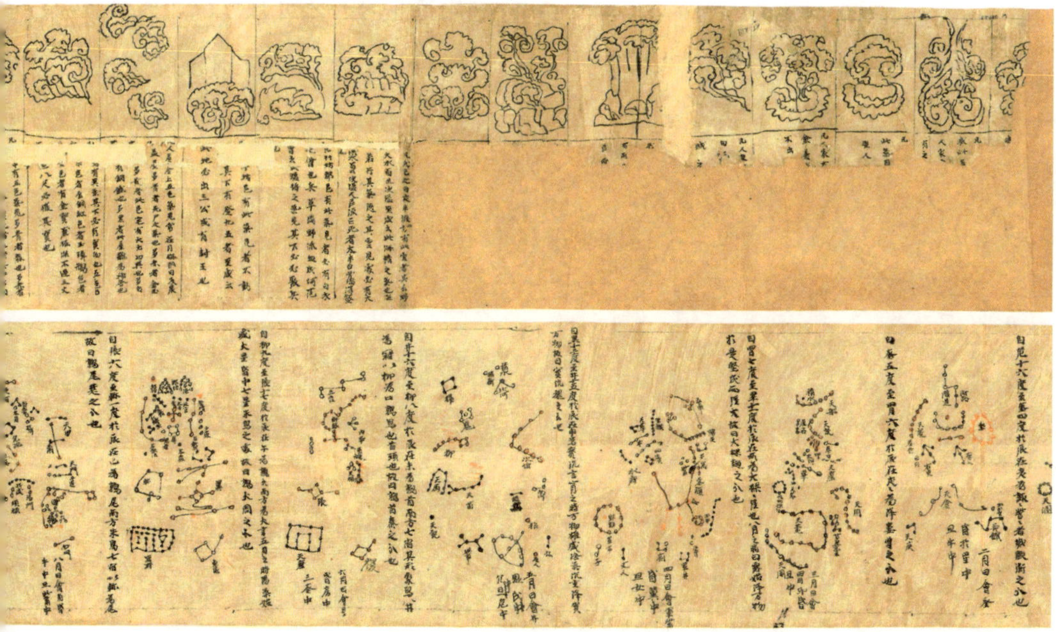

敦煌文献 S.3326

什么是星图？简单说，星图就是“星星的地图”，是指观测星星后的一种形象记录，它是天文学上用来认星和指示位置的一种重要工具，对夜空中比较稳定持久的特征进行精确的描绘，是对恒星、星座、星系、星团等进行摹画的绘图集。

敦煌文献 S.3326总长330厘米，卷首不存，现存前半部为《云气占》，后半部为《全天星图》，尾部绘一电神并题写“其解梦及电经一卷”。《全天星图》包括13幅图和许多说明文字，描绘了在唐朝皇家观星台用肉眼所能见到的1348颗星星（有名无星者不计）。它用一种相当“现代”的方式描绘了整个星空，前12幅图是用圆柱投影法绘制的十二时角图，最后一幅图用方位投影法绘制环北极星图。此图从十二月开始，按照每月太阳位置沿黄、赤道带分十二段，将紫微垣以南诸星利用类似墨卡托（Gerardus Mercator,1512-1594）圆柱投影的方法画出，再把紫微垣画在以北极为中心的圆形平面投影图上，这是现在许多地图仍在使用的绘图方式，而《全天星图》绘制于1300多年前！

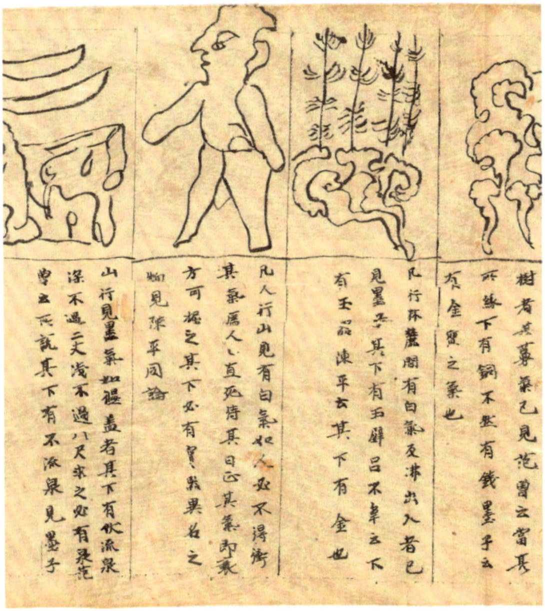

敦煌文献 S.3326 《云气占》局部

这幅星图包括了当时北半球肉眼所能见到的大部分恒星，也很容易辨认

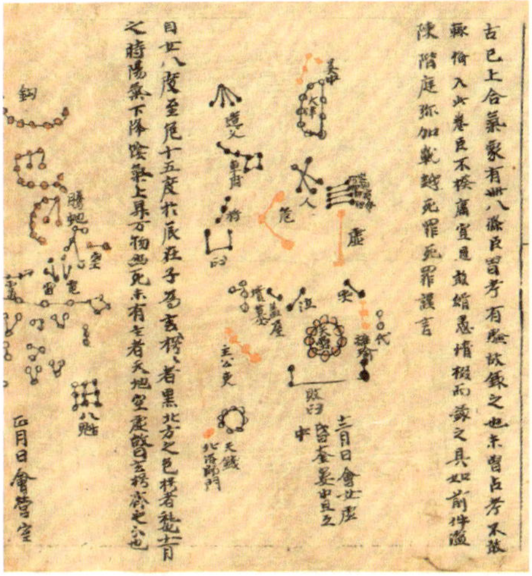

敦煌文献 S.3326 《全天星图》局部

敦煌文献 S.3326尾部　电神

出北极星和北斗星的位置。欧洲各国在望远镜发明以前，始终没有超过1022颗星的星图。而且《全天星图》中的每一颗星都不是随手画就的，它们的位置误差相当小，约在1.5度至4度之间。在有限的条件下，凭借肉眼观察、徒手描绘，能做到如此精细，令人叹为观止。可以说，敦煌的《全天星图》是现代星图的鼻祖，它不是简单依靠想象粗糙描画的，而是严格按照几何规则绘制的。

这件星图的原作者被认为是唐初著名的天文学家李淳风，星图的内容实际上是为前半部的《云气占》服务的。唐人观察云气变化进行占卜时，先看“云”或“气”的形状和颜色，再看它在天空中出现的位置，这时就要利用星图来定位，之后再找出与天上这个位置对应的地上的位置，由此确定吉凶出现的地区，从而完成占卜活动。这件文献应写于贞观年间，它的母本应该是李淳风给唐太宗李世民的一个进呈本。

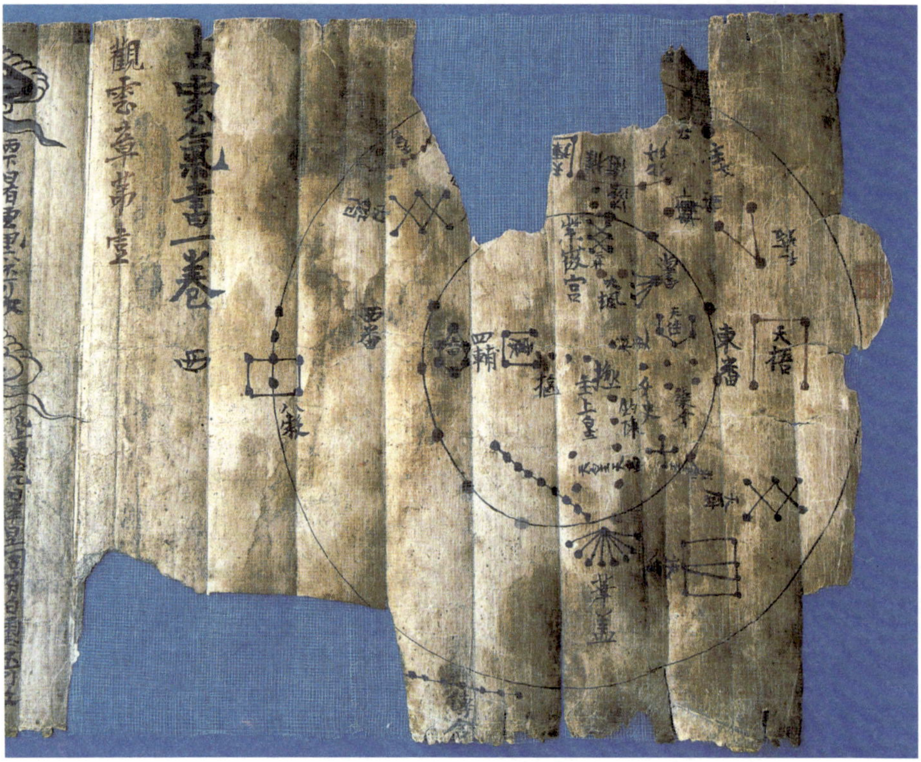

敦煌文献敦博076 《紫微垣星图》

同为藏经洞出土的唐代写卷敦博076，全长近3米，正面为《唐地志》残卷，卷背写《占云气书》,《占云气书》前绘紫微垣星图。全图共绘有138颗星星，将紫微垣诸星绘在直径分别为13厘米和26厘米的两个同心圆内。由于这幅星图中有西、西番、东番这些标示方向的文字，由此可以推知此图为左西、右东、上南、下北，这和人们仰视星空的情形是一致的。图中星星用红、黑二色标示，凡不属于紫微垣的星星，虽离北极较近也略去不绘；有些属于紫微垣的星星，虽离北极较远也被绘出。古代认为紫微垣之内是天帝居住的地方，因此预测帝王家事便观察此天区，此区星象变化预示着帝王之家的命运兴衰。

敦煌星图在世界天文学史上占有十分重要的地位，西方科技史家认为："从中世纪到14世纪末，除中国星图外再也举不出别的星图了。"英国著名的中国科技史学家李约瑟博士甚至说："欧洲在文艺复兴以前可以和中国天图制图传统相提并论的东西，可以说很少，甚至简直就没有。"敦煌的《全天星图》也被公认为世界上现存最古老、描绘星星数目最多的一幅星图。古人对于天文知识的丰富掌握，远远超过我们的想象。如果看过这两幅敦煌星图，当我们站在夜空下仰望苍穹时，也会感叹1000多年前的唐人就看过这样的星空！

唐朝皇帝下发的公文

现在的古装剧里，宣布皇帝圣旨时，第一句总是说“奉天承运皇帝诏曰”，这样的开头实际上是从明太祖朱元璋时才开始的。唐代的“诏书”就没这样的开头，往往直接说事，头两个字出现频率最高的是“门下”，因为正式下发前要送到“门下省”审查定稿。“诏书”实际上是统称，唐朝皇帝颁旨专用的册、诏、敕等，都可以叫诏书。有趣的是，因为武则天给自己起名叫武曌，诏与曌同音，所以天授元年（690）为避讳改“诏”为“制”。此后“制书”沿用多年，直到唐玄宗时期“诏书”才又和“制书”混用。

《新唐书》记载“凡王言之制有七”，也就是唐朝的“圣旨”分为七种：“一曰册书，立皇后、皇太子，封诸王，临轩册命则用之；二曰制书，大赏罚、赦宥虑囚、大除授则用之；三曰慰劳制书，褒勉赞劳则用之；四曰发敕，废置州县、增减官吏、发兵、除免官爵、授六品以上官则用之；五曰敕旨，百官奏请施行则用之；六曰论事敕书，戒约臣下则用之；七曰敕牒，随事承制，不易于旧则用之。”这七种文体，

敦煌文献 S.11287 《景云二年七月九日赐沙州刺史能昌仁敕》

是根据不同的用途划分的，其中的第六种“论事敕书”，曾在藏经洞中出土过实物。

敦煌文献 S.11287《景云二年七月九日赐沙州刺史能昌仁敕》是一件唐代“论事敕书”的原本，这可是真正的唐代皇帝下达的圣旨。这件文书虽然从第8行文字之后残缺，但还是可以清楚地反映唐朝皇帝下发的这种公文的样貌。唐代“论事敕书”有固定的格式，即开头为“敕××”，“敕”表示皇帝的诏令，“××”指诏令下达的对象；结尾为“指不多及”。这件文书开头为“敕沙州刺史能昌仁”，说明这是给当时沙州刺史能昌仁下达的命令。

正文中说“使人主父童至，省表所奏额外支兵者，别有处分，使人今还。指不多及”。这说明能昌仁原来应向皇帝上过表，也就是打过报告，请求额外支兵，这件文书是皇帝给他的答复。对额外支兵的请求“别有处分”，也就是另发文件专门处理。这件“论事敕书”只是告诉能昌仁他的报告皇帝已经收到了。皇帝专门回复“报告收到”表示对大臣的尊重。那么皇帝的回复是谁起草的？是皇帝本人写的吗？

唐朝实行三省六部制管理国家，三省指中书省、门下省和尚书省，尚书省设吏、户、礼、兵、刑、工六部。能昌仁的报告是关于支兵的，这个报告应该是先送到兵部，再通过都省（尚书省）转发到中书省，中书省再交给皇帝。皇帝看过报告后给出意见，由中书舍人来起草敕书回复。中书舍人写好敕书后，送呈皇帝批阅，这个过程叫“进画”，也就是“进”给皇帝来“画”。皇帝在敕书上画什么呢？现在上级批阅文件写的最多的两个字是“同意”，唐朝皇帝批阅文件就画一个大大的“敕”字，同时写上批阅的日期。日期上的“景云”是唐睿宗李旦的年号，这个“敕”字本应是他的笔迹。

皇帝亲自批阅的文件再次送到中书省，中书省把原件留底作为档案，不仅要原样抄写一遍，还要仿照皇帝的笔迹在抄件上摹写出“敕”字和日期，然后由中书令、侍郎、舍人依次在抄件上署名并加盖“中书省之印”，这件文书上的红色大印就是“中书省之印”。虽然文书的后半部缺失，但按照唐朝的程序，后续应经过负责审核文件的门下省侍中、黄门侍郎、给事中署名，并将其函封外盖“门下省之印”后再送到尚书省，由尚书省交给能昌仁派出的“主父童”带回沙州。

敦煌文献S.11287作为唐朝皇帝下发给敦煌地方的公文，不仅让我们从这一片纸上看到了唐代皇帝专用的“论事敕书”的样貌，还从中获知了唐代公文从起草到下达的一系列过程。最重要的是，史书中记载过皇帝“画敕”的程序，但为什么写个“敕”字被称为是“画敕”，这件文献就是最形象的说明，那个大大的“敕”在书写时真的算得上是“画”了！敦煌藏经洞出土的文献中，有很多是历史上的第一手资料，让我们能在千年后窥见更真实的历史。

现存最早的雕版印刷品

印刷术是中国古代的四大发明之一。历史课本上北宋毕昇发明的活字印刷术，其实是印刷术的第二代改良技术，而第一代就是雕版印刷术。目前多数学者认为这项技术发明于唐初。先在板料上雕刻出一页书上的文字或图像，然后将雕版上的文字或图像涂墨印到纸张上。这样印出整本图书后，再装裱成卷册。用作雕版板料的木材，需木质坚硬、纹理细腻、不易变形和易于雕刻。古代雕版选用的板料多是梓木，所以后来出书被称作“付梓出版”。雕版不能循环再利用，如果一个字雕错或丢失，常常要整版重雕，这样比起后来的能重组反复利用的活字，成本可就高太多了。虽然唐代雕版印刷技术成熟，但因成本过高，应用范围有限。所以，敦煌藏经洞中发现的文献大多是手抄本，雕版印刷品并不多。

世界上现存最早的、有明确刊印日期的雕版印刷品，是藏经洞出土的一件唐代的《金刚般若波罗蜜经》(以下简称《金刚经》)，也就是现在收藏于大英图书馆的敦煌文献 S.P.2《金刚经》。这件《金刚经》

为鸠摩罗什译本，全卷首尾完整，由7纸相连成卷，总长近5米，每纸高约27厘米，宽约75厘米。每纸刻印佛经48～52行不等，每行18～21字不等，有上下书栏。卷首第1纸为释迦牟尼在祇树给孤独园说法的版画，其余6纸为佛经，经卷的尾部书写题记“咸通九年四月十五日王玠为二亲敬造普施”。由这些文字可知它印刷于唐咸通九年（868）农历四月十五。因为有准确的刊印时间，所以它成为中国印刷史上的一件标志物，并被大英图书馆称为“世界上最早的印本书籍”。

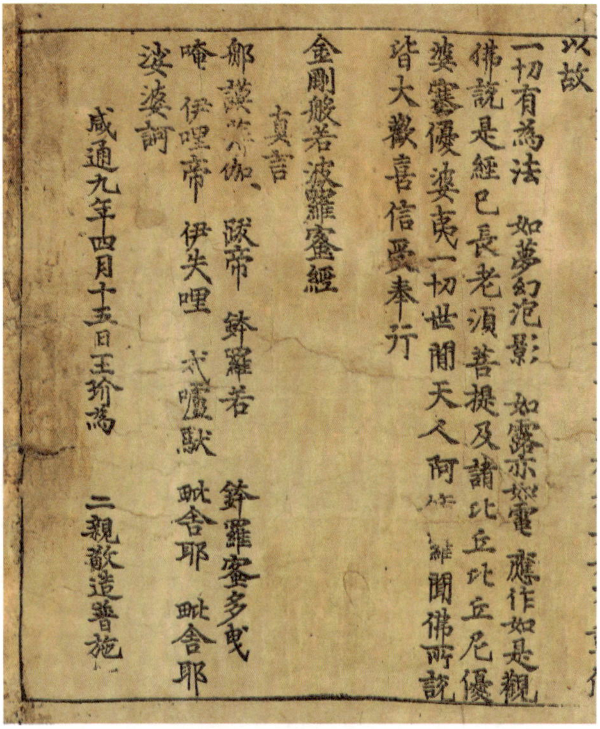
以故
一切有為法 如夢幻泡影 如露亦如電 應作如是觀
佛說是經已長老須菩提及諸比丘比丘尼優
婆塞優婆夷一切世間天人阿修羅聞佛所說
皆大歡喜信受奉行
金剛般若波羅蜜經
真言
那謨薄伽跋帝 鉢羅若 鉢羅蜜多曳
唵 伊哩底 伊失哩 輸盧馱 毗舍耶 毗舍耶
娑婆訶
咸通九年四月十五日王玠為
二親敬造普施

敦煌文献 S.P.2 《金刚经》尾题

这件《金刚经》的卷首版画，画心高23.7厘米，宽28.5厘米。整幅图像存有两方题记，左上角竖排“祇树给孤独园”，左下胡跪长者身旁竖排“长老须菩提”。这两方题记清楚地交代了地点和人物，表现《金刚经》的序品部分。佛祖释迦牟尼乞食回到祇树给孤独园坐定，长老须菩提向他提问，释迦牟尼开始讲说《金刚经》。画中佛祖释迦牟尼端坐莲台之上，头上有华盖及两身飞天；身旁有听法的众弟子、菩萨、菩提已於無量千万佛所種諸善根聞是章句乃至一念生淨信者須菩提如來悉知悉見是諸衆生得如是無量福德何以故是諸衆生無復我相人相衆生相壽者相無法相亦無非法相何以故是諸衆生若心取相則為著我人衆生壽者若取法相即著我人衆生壽者何以故若取非法相即著我人衆生壽者是故不應取法不應取非法以是義故如來常說汝等比丘知我說法如筏喻者法尚應捨何況非法

須菩提於意云何如來得阿耨多羅三藐三菩提耶如來有所說法耶須菩提言如我解佛所說義無有定法名阿耨多羅三藐三菩提亦無有定法如來可說何以故如來所說法皆不可取不可說非法非非法所以者何一切賢聖皆以無為法而有差別

須菩提於意云何若人滿三千大千世界七寶以用布施是人所得福德寧為多不須菩提言甚多世尊何以故是福德即非福德性是故如來說福德多若復有人於此經中受持乃至四句偈等為他人說其福勝彼何以故須菩提一切諸佛及諸佛阿耨多羅三藐三菩提法皆從此經出須菩提所謂佛法者即非佛法

須菩提於意云何須陁洹能作是念我得須陁洹果不須菩提言不也世尊何以故須陁洹名為入流而無所入不入色聲香味觸法是名須陁洹須菩提於意云何斯陁含能作是念我得斯陁含果不須菩提言不也世尊何以故斯陁含名一往來而實無往來是名斯陁含須菩提於意云何阿那含能作是念我得阿那含果不須菩提言不也世尊何以故阿那含名為不來而實無來是故名阿那含須菩提於意云何阿羅漢能作是念我得阿羅漢道不須菩提言不也世尊何以故實無有法名阿羅漢世尊若阿羅漢作是念我得阿羅漢道即為著我人衆生壽者世尊佛說我得無諍三昧人中最為第一是第一離欲阿羅漢我不作是念我是離欲阿羅漢世尊我若作是念我得阿羅漢道世尊則不說須菩提是樂阿蘭那行者以須菩提實無所行而名須菩提是樂阿蘭那行

佛告須菩提於意云何如來昔在燃燈佛所於法有所得不世尊如來在燃燈佛所於法實無所得

須菩提於意云何菩薩莊嚴佛土不不也世尊何以故莊嚴佛土者則非莊嚴是名莊嚴是故須菩提諸菩薩摩訶薩應如是生清淨心不應住色生心不應住聲香味觸法生心應無所住而生其心須菩提譬如有人身如須彌山王於意云何是身為大不須菩提言甚大世尊何以故佛說非身是名大身

須菩提如恒河中所有沙數如是沙等恒河於意云何是諸恒河沙寧為多不須菩提言甚多世尊但諸恒河尚多無數何況其沙須菩提我今實言告汝若有善男

……布施若復有人聞此經典信心不逆其福勝彼何況書寫受持讀誦為人解說須菩提以要言之是經有不可思議不可稱量無邊功德如來為發大乘者說為發最上乘者說若有人能受持讀誦廣為人說如來悉知是人悉見是人皆得成就不可量不可稱無有邊不可思議功德如是人等則為荷擔如來阿耨多羅三藐三菩提何以故須菩提若樂小法者著我見人見衆生見壽者見則於此經不能聽受讀誦為人解說須菩提在在處處若有此經一切世間天人阿脩羅所應供養當知此處則為是塔皆應恭敬作禮圍繞以諸華香而散其處

復次須菩提善男子善女人受持讀誦此經若為人輕賤是人先世罪業應墮惡道以今世人輕賤故先世罪業則為消滅當得阿耨多羅三藐三菩提須菩提我念過去無量阿僧祇劫於燃燈佛前得值八百四千萬億那由他諸佛悉皆供養承事無空過者若復有人於後末世能受持讀誦此經所得功德於我所供養諸佛功德百分不及一千萬億分乃至算數譬喻所不能及須菩提若善男子善女人於後末世有受持讀誦此經所得功德我若具說者或有人聞心則狂亂狐疑不信須菩提當知是經義不可思議果報亦不可思議

尔時須菩提白佛言世尊善男子善女人發阿耨多羅三藐三菩提心云何應住云何降伏其心佛告須菩提善男子善女人發阿耨多羅三藐三菩提心者當生如是心我應滅度一切衆生滅度一切衆生已而無有一衆生實滅度者何以故若菩薩有我相人相衆生相壽者相則非菩薩所以者何須菩提實無有法發阿耨多羅三藐三菩提者須菩提於意云何如來於燃燈佛所有法得阿耨多羅三藐三菩提不不也世尊如我解佛所說義佛於燃燈佛所無有法得阿耨多羅三藐三菩提佛言如是如是須菩提實無有法如來得阿耨多羅三藐三菩提須菩提若有法如來得阿耨多羅三藐三菩提者燃燈佛則不与我授記汝於來世當得作佛号釋迦牟尼以實無有法得阿耨多羅三藐三菩提是故燃燈佛与我授記作是言汝於來世當得作佛号釋迦牟尼何以故如來者即諸法如義若有人言如來得阿耨多羅三藐三菩提須菩提實無有法佛得阿耨多羅三藐三菩提須菩提如來所得阿耨多羅三藐三菩提於是中無實無虛是故如來說一切法皆是佛法須菩提所言一切法者即非一切法是故名一切法須菩提譬如人身長大須菩提言世尊如來說人身長大則為非大身是名大身須菩提菩薩亦如是若作是言我當滅度無量衆生則不

須菩提白佛言世尊如我解佛所說義不應以三十二相觀如來尔時世尊而說偈言

若以色見我　以音聲求我　是人行邪道　不能見如來

須菩提汝若作是念如來不以具足相故得阿耨多羅三藐三菩提須菩提莫作是念如來不以具足相故得阿耨多羅三藐三菩提須菩提汝若作是念發阿耨多羅三藐三菩提心者說諸法斷滅相莫作是念何以故發阿耨多羅三藐三菩提心者於法不說斷滅相

須菩提若菩薩以滿恒河沙等世界七寶持用布施若復有人知一切法無我得成於忍此菩薩勝前菩薩所得功德須菩提以諸菩薩不受福德故須菩提白佛言世尊云何菩薩不受福德須菩提菩薩所作福德不應貪著是故說不受福德

須菩提若有人言如來若來若去若坐若卧是人不解我所說義何以故如來者無所從來亦無所去故名如來

須菩提若善男子善女人以三千大千世界碎為微塵於意云何是微塵衆寧為多不甚多世尊何以故若是微塵衆實有者佛則不說是微塵衆所以者何佛說微塵衆則非微塵衆是名微塵衆世尊如來所說三千大千世界則非世界是名世界何以故若世界實有者則是一合相如來說一合相則非一合相是名一合相須菩提一合相者則是不可說但凡夫之人貪著其事

須菩提若人言佛說我見人見衆生見壽者見須菩提於意云何是人解我所說義不世尊是人不解如來所說義何以故世尊說我見人見衆生見壽者見即非我見人見衆生見壽者見是名我見人見衆生見壽者見須菩提發阿耨多羅三藐三菩提心者於一切法應如是知如是見如是信解不生法相須菩提所言法相者如來說即非法相是名法相

須菩提若有人以滿無量阿僧祇世界七寶持用布施若有善男子善女人發菩薩心者持於此經乃至四句偈等受持讀誦為人演說其福勝彼云何為人演說不取於相如如不動何以故

一切有為法　如夢幻泡影　如露亦如電　應作如是觀

佛說是經已長老須菩提及諸比丘比丘尼優婆塞優婆夷一切世間天人阿脩羅聞佛所說皆大歡喜信受奉行

金剛般若波羅蜜經

真言

那謨婆伽　跋帝　鉢羅若　鉢羅蜜多曳
唵　伊哩帝　伊失哩　輸嚧䭾　毗舍耶　毗舍耶
莎婆訶

咸通九年四月十五日王玠為　二親敬造普施

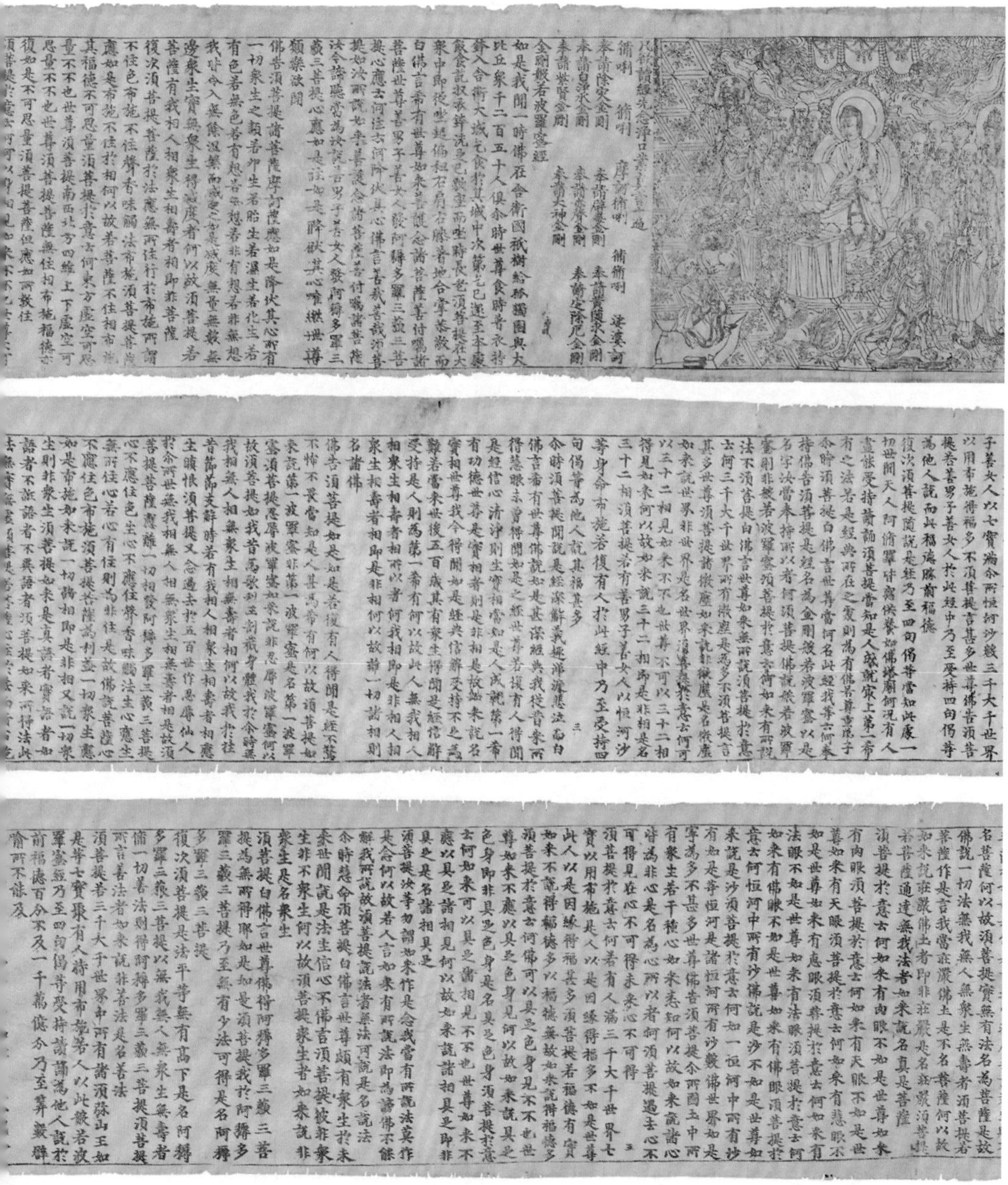

敦煌文献 S.P.2 《金刚经》

敦煌文献 S.P.2 《金刚经》卷首版画

天人，人物最前方两侧各有一身力士；佛前方供桌上置香炉供物，供桌两侧各蹲卧一只狮子。画面左下角，长老须菩提光脚合掌胡跪于方毯之上，抬头仰望着主尊释迦牟尼，似乎正在专心聆听佛祖的回答，人物表情极为生动。这张版画的线条分明，显示出雕版的刀法娴熟，印刷墨色匀称、清晰，属上乘的印刷作品。

这件雕版佛经中的文字又如何呢？从这件雕版《金刚经》可以看到，其字端正大方，字体为楷体，这是唐代流行的书体，有颜、柳楷书风骨，是顺应时代流行文化生产出的“工业艺术品”。柳体书法“欲横先竖，欲右先左”“欲竖先横，欲下先上”的笔法，都一一展现了出来。应当说唐宋推崇、流行柳公权的字体，或许也与唐宋印刷术的发展有一定的联系。印书对版式的统一要求，刻字字体的疏密关系、字体的规范性、字与字的整体性，柳体楷书都是很好的底版。可以说，柳书就是唐代的印刷体，而这种字体在现今的电子打印时代仍占有一席之地。

经过学者们的研究，这部《金刚经》在1000多年前被放入藏经洞

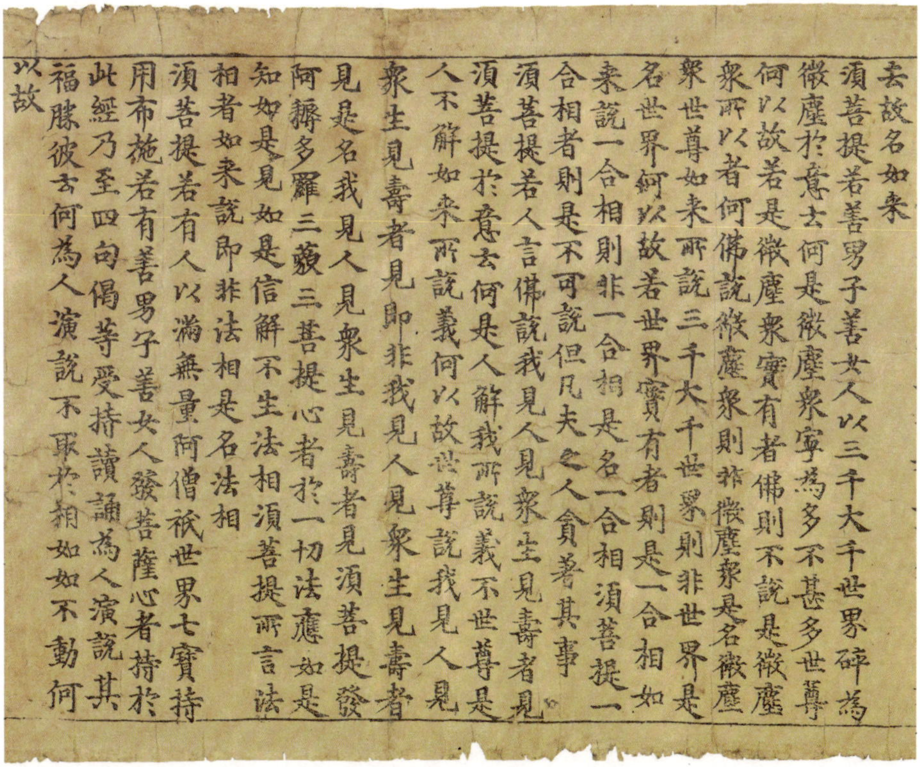
去故名如來
須菩提若善男子善女人以三千大千世界碎為
微塵於意云何是微塵眾寧為多不甚多世尊
何以故若是微塵眾實有者佛則不說是微塵
眾所以者何佛說微塵眾則非微塵眾是名微塵
眾世尊如來所說三千大千世界則非世界是
名世界何以故若世界實有者則是一合相如
來說一合相則非一合相是名一合相須菩提一
合相者則是不可說但凡夫之人貪著其事
須菩提若人言佛說我見人見眾生見壽者見
須菩提於意云何是人解我所說義不世尊是
人不解如來所說義何以故世尊說我見人見
眾生見壽者見即非我見人見眾生見壽者
見是名我見人見眾生見壽者見須菩提發
阿耨多羅三藐三菩提心者於一切法應如是
知如是見如是信解不生法相須菩提所言法
相者如來說即非法相是名法相
須菩提若有人以滿無量阿僧祇世界七寶持
用布施若有善男子善女人發菩薩心者持於
此經乃至四句偈等受持讀誦為人演說其
福勝彼云何為人演說不取於相如如不動何
以故

敦煌文献 S.P.2 《金刚经》局部

时就已经破损，曾经被修补过多次，它的背面原来就粘有裱补纸。为什么它会出现在敦煌藏经洞里？在古代中国，当佛像被损坏或人们准备更换新像时，如果把原像毁掉，将被视为大不敬，取而代之的做法是小心翼翼地将它们封存。同样的做法，可能也被用于对佛经的处理。当佛经破损到难以修复，或是无法补齐的程度，人们并不会将其随意丢弃掉，而会恭敬地存放起来，相当于一种带有虔诚心意的“葬礼”仪式。“敬惜字纸”的传统在中国也由来已久，在古代任何一片上面写了字的纸都是近乎神圣的，并且需要被收集起来专门保存。

1907年，英国探险家斯坦因以4个马蹄银，相当于200两白银的价格，从王道士手中骗取了29箱藏经洞出土的文献和艺术品。这件古老的雕版印刷品，也随之开始了它长达百年的异乡漂泊之路。1914年，这部《金刚经》第一次在大英博物馆展出，1973年被转交给大英图书馆。20世纪80年代末，对这件古籍的修复工作开始进行，最终在2010年完成。在揭除了卷面众多的背衬裱补之后，正如大英图书馆前中国馆馆长吴芳思所说，这件古老的雕版艺术品“就好比脱下了近三四十年的紧身衣，你甚至能够看到活版印刷的烙印。真是不可思议，时隔多年，它还是精美得难以置信！”

唐代楷书的绝佳范本

现在小朋友学书法、写毛笔字，都要从楷书学起。楷书，是汉字的一种字体，也叫楷体、正楷、真书、正书。为什么叫“楷书”？因为它“形体方正，笔画平直，可作楷模”。楷书因字体端正，成为现在汉字最通行的手写体。我们手写填表时，往往被要求用楷书填写。中国古代楷书写得最好的四位名家，是唐朝的欧阳询、颜真卿、柳公权和元朝的赵孟頫，他们被称为“楷书四大家”。其中，柳公权的楷书被称为“柳体”，“柳体”棱角分明，点画爽利挺秀，结体严紧。较之颜真卿的“颜体”，“柳体”更均匀瘦硬，故有“颜筋柳骨”之称。

柳公权（778—865），字诚悬，生于官宦显赫之家，其兄为中唐名臣兵部尚书柳公绰。他从小受到良好教育，12岁就能写辞作赋，31岁时进士及第。早年曾任秘书省校书郎，后在夏绥银宥节度使李听幕府当掌书记。有次唐穆宗偶然看到他的笔迹，极为赞赏，于是召40多岁的柳公权回长安任职。柳公权一生历仕七朝，大部分时间为禁中侍书，后官至太子少师，封河东郡公，故世称“柳少师”。咸通六年（865），

柳公权去世，享年88岁，获赠太子太师。

唐代从太宗李世民开始提倡“以书取士”，能写得一手好楷书在科举答卷时就有优势。因此唐代文人特别注重书写之道，也由此形成了中国历史上楷书艺术的高峰。正是在这样的社会背景下，柳公权初学

敦煌文献 P.4503 柳公权书《金刚般若波罗蜜经》拓本

王羲之，后来遍观唐代名家书法，吸取了颜真卿、欧阳询之长，融汇新意，自创独树一帜的“柳体”。柳公权一生堪称职业书法家，为人书写了大量的碑文、墓志，还有佛、道经典。史载当时大臣的墓志，如果不请柳公权书写，大家就会认为死者的子孙不孝。柳公权传世的代

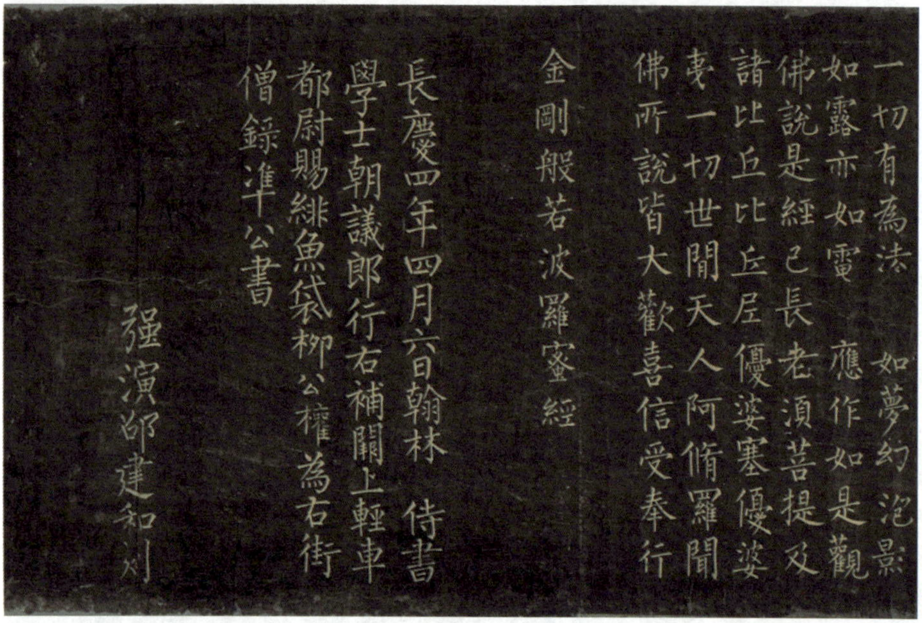

敦煌文献 P.4503　柳公权书《金刚般若波罗蜜经》拓本尾题

表作品有《玄秘塔碑》《神策军碑》等。

藏经洞出土的柳公权书《金刚经》拓本，收藏于法国国家图书馆，即敦煌文献 P.4503。全卷首尾完整，总计468行，5000多字。拓本，是用纸墨摹拓金石器物上的文字、花纹而得的墨本，这件文献应是从石碑上拓得。用12张拓纸装裱成卷，每纸高约26.5厘米，长约98厘米，每纸拓文40行，每纸连接处亦存有部分编号，首尾佛经名“金刚般若波罗蜜经”各1行，正文佛经461行。从佛经内容来看，这件《金刚经》与敦煌所出唐高宗时宫廷本相似，不是后世三十二分本的形式，也没有“冥司偈”。

卷尾署款4行“长庆四年四月六日翰林侍书 / 学士朝议郎行右补阙

上轻车/都尉赐绯鱼袋柳公权为右街/僧录凖公书”，刻石工匠名款1行“强演绍建和刻”。长庆四年（824），柳公权47岁，敦煌拓本《金刚经》是其壮年作品。柳公权比较喜欢写《金刚经》，史书记载他曾为西明寺写过《金刚经碑》，敦煌拓本比西明寺碑要早二三十年！“右街僧录凖公”当为《宋高僧传》记载的灵准，在唐穆宗长庆初年任长安两街僧录。刻石工匠“强演”和“邵建和”分别来自中晚唐时期的刊刻世家强氏和邵氏，其中邵建和在会昌元年（841）还与族人合刻了柳公权书《玄秘塔碑》。

清宣统元年（1909），王仁俊在《敦煌石室真迹录（甲上）》中，首次披露敦煌藏经洞出土的柳公权书《金刚经》拓本，一时间引起轰动。柳公权的书法虽以守法严谨著称，但其一生的书法风格仍有多种变化。敦煌藏经洞的发现，使我们能在今天看到柳公权47岁时书写的珍贵书法作品。借用大学者罗振玉对这件文献发出的感叹：“生晚数百年乃得见前贤所未睹，眼福可谓厚矣！”我辈比宋人还有眼福，有幸得见唐拓本柳氏《金刚经》！

唐玄宗的『月球漫步』

2021年10月16日，载有三名航天员的神舟十三号载人飞船进入太空，这是中国迄今为止时间最长的一次载人飞行。中国航天事业经过60多年的发展，不仅大大提升了我国的科技实力，更是点亮了无数

莫高窟第329窟　飞天　初唐

人的太空梦。人类对天空的探索，从古至今从未中断。我们的祖先很早就对神秘的宇宙充满好奇，从嫦娥奔月的传说到敦煌壁画里的飞天，都承载着他们飞进太空的梦想。古人尤其喜欢月亮，常借月抒怀，无论是苏轼的《水调歌头》，还是刘克庄的《清平乐》，都充满对月宫的想象与向往。

在敦煌藏经洞，曾出土了一个具有传奇色彩的太空科幻故事——“唐玄宗游月宫”，出自敦煌文献S.6836《叶净能诗》。该文献全卷长442厘米，纸高30厘米，共15纸连接而成。这件文献虽然卷末题名为“叶净能诗”，但其实并不是诗作，而是一部像小说一样的话本。话本是说唱故事的底本，隋唐时把讲故事称为“说话”，“说话”的底稿或记录都可以称为话本。以前人们一般认为话本开始于宋代，直到藏经洞中出土了唐代话本，大家才认识到唐代就已经有了话本小说的雏形，甚至远在西北的敦煌都已经广泛传抄。

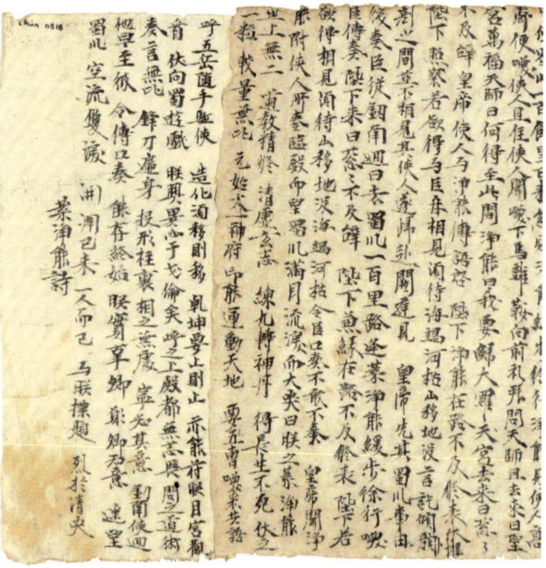

敦煌文献 S.6836《叶净能诗》尾题

《叶净能诗》就是藏经洞出土的著名话本，其内容充满了奇幻色彩。叶净能是唐高宗、武则天时期有名的方士，中宗时任国子祭酒、金紫光禄大夫，后因拥立韦皇后而被杀。在这件话本中，叶净能在会稽山修道有成，赴长安途中以符治大罗王所化之河，从华岳神处救张令妻，居玄妙观斩杀狐妖；后来被唐玄宗召见，斩龙祈雨，还带着玄宗神游剑南观灯，并在中秋游月宫。这个故事中，1000多年前八月十五的晚上，唐玄宗李隆基在这位具有特异能力的叶道士的陪伴下，登上了月球。

唐玄宗怎么就想到要登月呢？这一年的中秋夜，皇帝本来是与净能及随驾侍从一起在高处赏月。看着看着，皇帝忽然问净能："月宫里的事，你能算出来吗？"净能赶紧回答："百闻不如一见，不如我带您到月亮上看看，不知道您愿不愿意去？"皇帝问："怎么去？"净能说："您自己飞不上去，但要是我带您去，那可一点也不难！"皇帝龙颜大悦，又问能不能把侍从们也带去。净能说："到剑南看灯，是凡人的地方，侍从们可以一起去。可是月宫仙境，跟人间不同，因为陛下您有仙缘才能上去，其他人可不行。"登月是件大事，为了不失礼，皇帝又问该穿啥颜色的衣服，净能准确地回答"白锦绵衣"，因为月宫寒气凌人，超级冷！登月要穿厚实的"白锦绵衣"，一下让人联想到白色的宇航服。

唐玄宗他俩如何到的月宫，话本只用"作法"两字一笔带过。皇帝在月宫里究竟看到了什么？"净能作法，须臾便到月宫内。观看楼殿台阁，与世人不同，门窗牖，全珠异世……净能引皇帝直至娑罗树边看树，皇帝见其树，高下莫恻其涯，枝条直赴三千大千世界。其叶颜色不异白银，花如同云色。"跟着玄宗和叶净能的视角，我们仿佛看到了亭台楼阁、美人珍物，还有娑罗树。虽然故事全篇都在渲染道教法术的神奇高妙，但文中对月宫建筑还有人物装束的描写，尤其是对娑罗树的描写，明显带有佛教的痕迹。

月球探险也不是件容易的事，更何况养尊处优的皇帝。唐玄宗的月宫体验，突出一个“冷”字。皇帝哆哆嗦嗦地站在树下，感到“冷气凌人，雪凝彻骨”，跟叶净能说想要回宫。净能却劝他好不容易来一趟，还是从从容容观看，尽兴了再回。可皇帝实在冻得受不了，再次催促必须赶紧回宫。净能听皇帝这样说，不觉微微笑了一下，随即作法，两人嗖一下子就回到长安。月球探险归来，第二天上朝，唐玄宗得意地跟大臣们显摆。他说昨晚三更跟叶天师一起去了趟月宫，“见内外清霄迥然，楼殿台阁悉异，皆是七宝装饰”。群臣听到这里，赶忙给皇帝

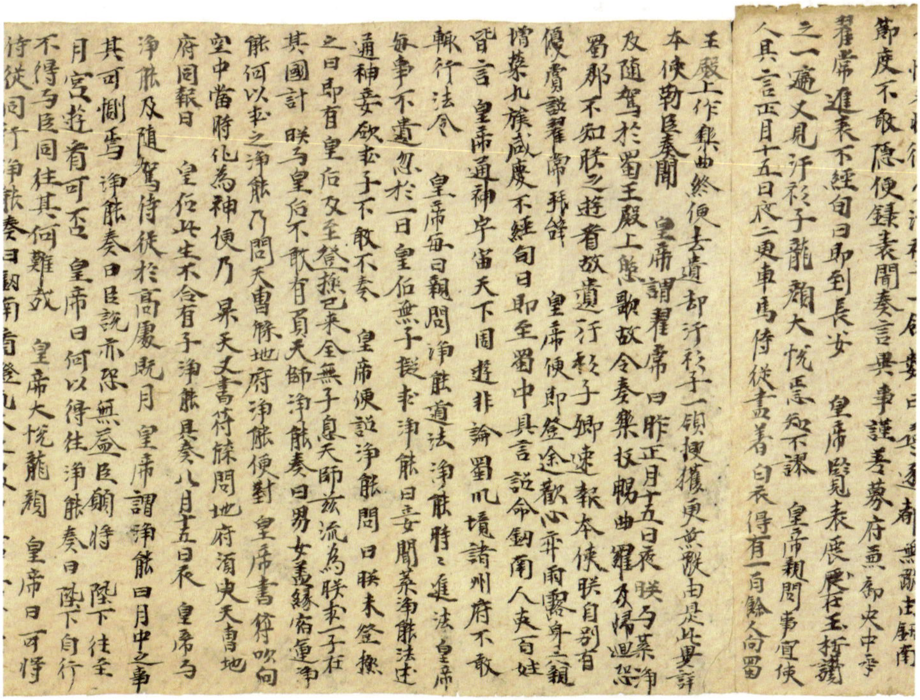

敦煌文献 S.6836 《叶净能诗》局部

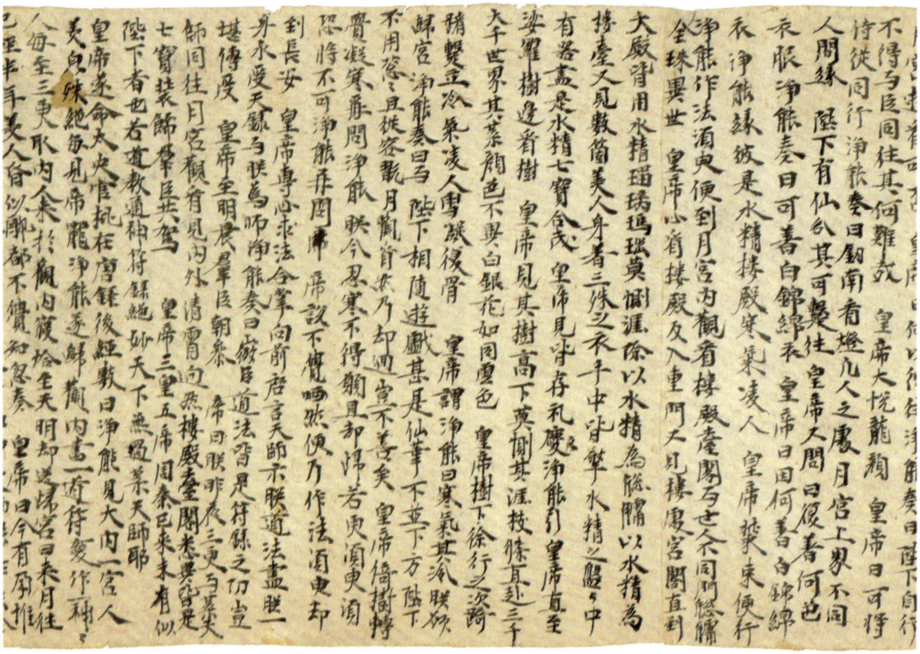

敦煌文献 S.6836 《叶净能诗》局部

道贺："您可是三皇五帝周秦以来，登上月宫的第一位皇帝啊！"听到自己被臣下猛夸，玄宗心里自然非常高兴，于是下令史官将此事载入史书。

现实中，叶净能因支持韦后被杀，当然不可能成为唐玄宗的宠臣。《叶净能诗》里的各种怪谈，在唐人的《集异记》《仙传拾遗》《河东记》《开天传信记》《广异记》中已有记载，这件话本只是把那些奇幻故事编排到叶净能的身上，来炫耀道教的神力法术。特别是其中唐玄宗登月的故事，经常被称为"唐明皇游月宫"，在唐代就有多种版本并逐渐成为一个广为流传的创作题材，后人还以此创作出杂剧、小说、绘画等。

飞向太空，探索未知，是中国人的梦想，是几千年来好奇与渴望的浪漫奔赴。远到古人《天问》的无尽幻想、嫦娥奔月的神话演绎，近到《三体》的科幻之梦，我们对太空的渴望从未中断。如果唐玄宗来到今天，他是否也会说，我们的征途是星辰大海！

失而复得的唐朝第一长诗

如果说安史之乱使唐朝由盛转衰，那么唐末农民大起义则彻底使李唐王朝走向了穷途末路。广明元年（880）腊月，黄巢起义军攻陷长安，唐僖宗逃往成都。一位本来到长安参加科举考士的秀才，意外地被困在了这里，3年后他又到了洛阳。这些年他目睹了战乱中的生灵涂炭，并于中和三年（883）写下了极具现实主义色彩的唐朝第一长诗《秦妇吟》。这位当时已经48岁的秀才名叫韦庄，他的考试运一直不好，直到59岁时才中进士成为校书郎。62岁时韦庄被“宣谕和协使”李洵聘为书记，同至西川并结识了他的伯乐——西川节度使王建。天复元年（901），66岁的韦庄应王建之请入川为掌书记。天祐四年（907）唐朝灭亡后，韦庄力劝王建称帝。王建成为五代的前蜀皇帝后，韦庄被任命为宰相，总算是大器晚成。

作为诗人的韦庄因为词风清丽，被认为是花间派的代表词人，代表作有《浣花集》十卷。同样作为韦庄代表作的《秦妇吟》，自诞生之时就在民间广为流传，当时的人甚至称韦庄为“《秦妇吟》秀才”。《秦

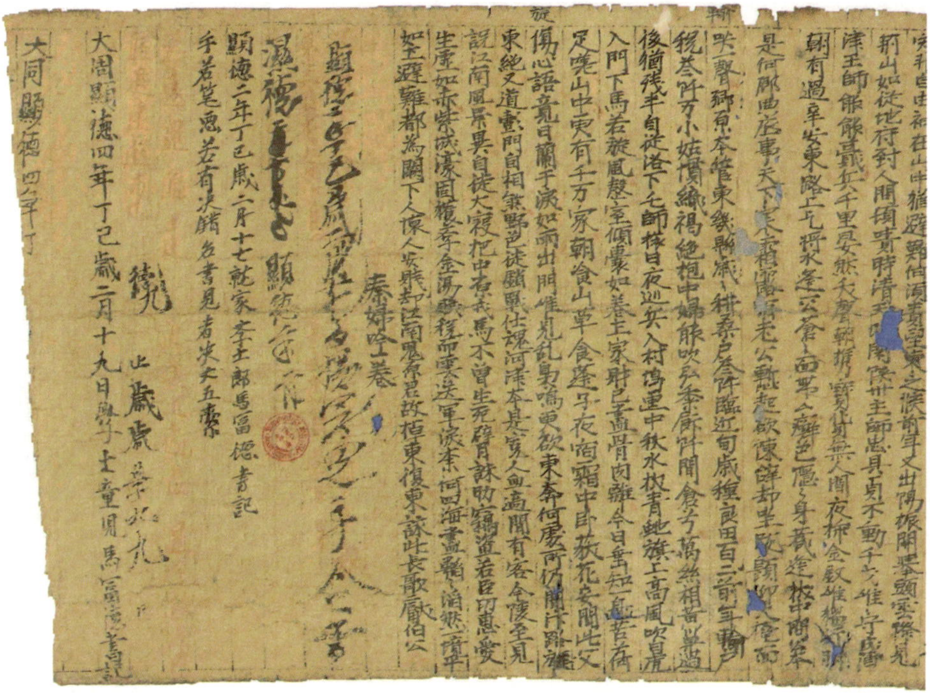

敦煌文献 P.3780 《秦妇吟》尾题

妇吟》对社会现实揭露得过于直白，也使韦庄得罪了不少人。后来他为了保全自身，自禁此诗。弟弟韦蔼给他编《浣花集》时也不收此诗，这也增加了《秦妇吟》佚失的风险。在五代至清代漫长的时光中，这首诗真的一度隐没不见，致使后人只知其名不见其诗。

直到1900年藏经洞意外开启，世人才一睹韦庄名作《秦妇吟》的真面目。在敦煌发现的《秦妇吟》写卷共计10件，其中6件带有题记，从中可知它们曾经属于寺学学子、私学学子或普通百姓。在这些《秦妇吟》写卷中，年代最早的是敦煌文献 P.3381天复五年（905）敦煌郡金光明寺学仕张龟所写的，这时韦庄正在西川任掌书记；最晚

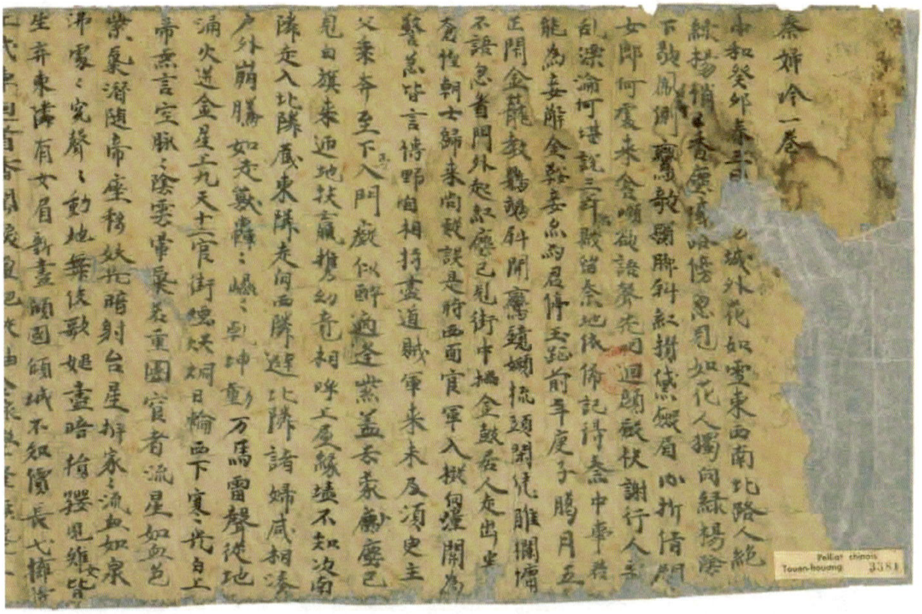

敦煌文献 P.3381 《秦妇吟》卷首

的时间为敦煌文献 P.3780上的显德四年（957），这时韦庄离世已近50年。说明在韦庄晚年和离世后的几十年中，民间还有人抄写和阅读《秦妇吟》。

虽然藏经洞出土的《秦妇吟》写卷各有残缺，但互相校补，可以复原出完整的原作。《秦妇吟》全诗七言，238句、1666字，几乎是白居易《长恨歌》字数的两倍！韦庄描写了一位从长安逃难出来的女子，也就是诗中的“秦妇”，把她讲述的自身遭遇写成了这首长篇叙事诗。后人把这首诗与《孔雀东南飞》《木兰辞》并称为“乐府三绝”，也有人认为它是继杜甫“三吏三别”和白居易《长恨歌》之后，唐代叙事诗的第三座丰碑。《秦妇吟》虽是一篇诗体小说，但具有很强的纪实性。全诗结构恢宏，内容丰富，起伏开阖，酣畅淋漓。诗文有着生动的画面感，读者仿佛与诗人一起，亲历了1000多年前一幕幕真实的历史场景。

这首《秦妇吟》开篇是在中和三年（883）的洛阳城外，在三月花如雪的春光里，作者遇到一位在树荫下歇息的美貌女子，也就是诗中的“秦妇”，但她一脸愁容似有心事。诗人好奇地打听女子从哪里来，女子便开始向他讲述自己这三年的苦难遭遇。这位女子来自长安城，广明元年的腊月初五，懒得梳头的她像往常一样调教鹦鹉，凭栏而望时，忽见城中乱作一团。原来黄巢军攻入长安，皇帝出逃，四邻仓皇失措，“贼军”所到之处，“家家流血如泉沸，处处冤声声动地”。

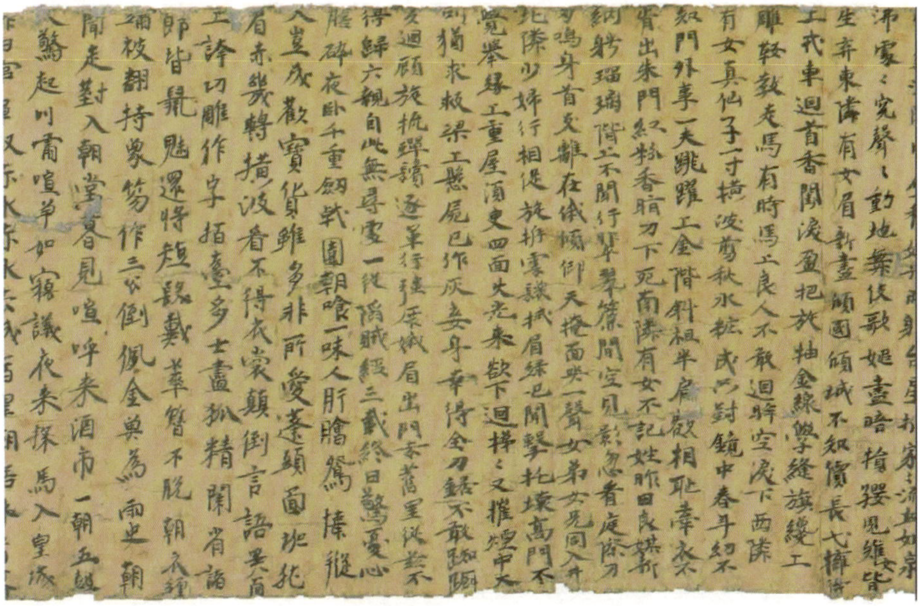

敦煌文献 P.3381 《秦妇吟》局部

随后她又讲述四邻女子的悲惨命运，她们要么被掠走，要么被杀死、烧死，无一幸免。

秦妇本人也被掠走，在黄巢治下生活了三年。她每天过着胆战心惊的日子，还不忘关注唐朝官军的消息，盼望长安早日被官军收复，最终等来的却是官军合围京城、城中断粮开始吃人的惨剧。原来繁华的长安城，这时已是废市荒街、举目凄凉！诗人在此写出千古绝句“内库烧为锦绣灰，天街踏尽公卿骨”！后来秦妇终于逃出长安，只身前往洛阳。她一路所见，到处荒无人烟、田园破落，携带宝物、插着金钗也不怕被抢，因为真的没有人烟！这里诗人借秦妇向天神发问，讽刺了拥兵自保的各路节度使。

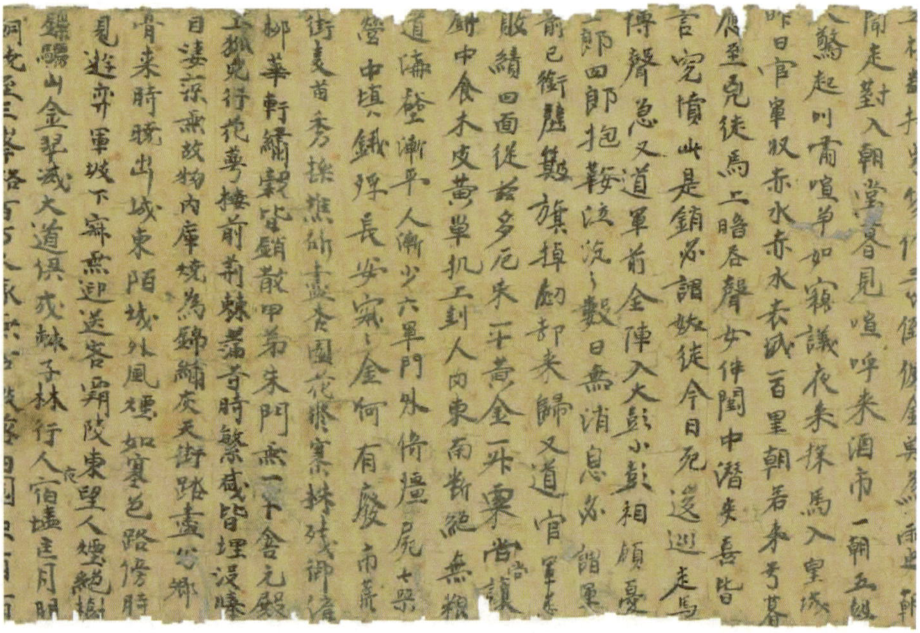

敦煌文献 P.3381 《秦妇吟》局部

过了新安东，秦妇讨水喝时遇到一位老翁。老人脸色发青，躲在草丛中。秦妇问老大爷是哪里人，为什么大冷天在草丛中露宿？老人本想站起来回答，却忍不住坐在地上放声大哭。后来老人说，他家本来很富裕，千间粮仓万箱丝。开始被黄巢军抢了一半，后来又被官军洗劫一空。如今落得与亲人分离，老而无靠，露宿草丛，像他这样的山中还有千万家！这首诗中前面只说黄巢军之害，在这里同样控诉了唐末官军欺压百姓的恶行。听了老人的话，秦妇更加绝望，各处传来的都是战乱的消息，继续向东却不知该到哪里落脚。这时有从金陵回来的人说，江南安定太平，劝说她前往江南，至此全诗结束。

《秦妇吟》这首纪实长诗的时间跨度达3年之久，空间范围涉及长

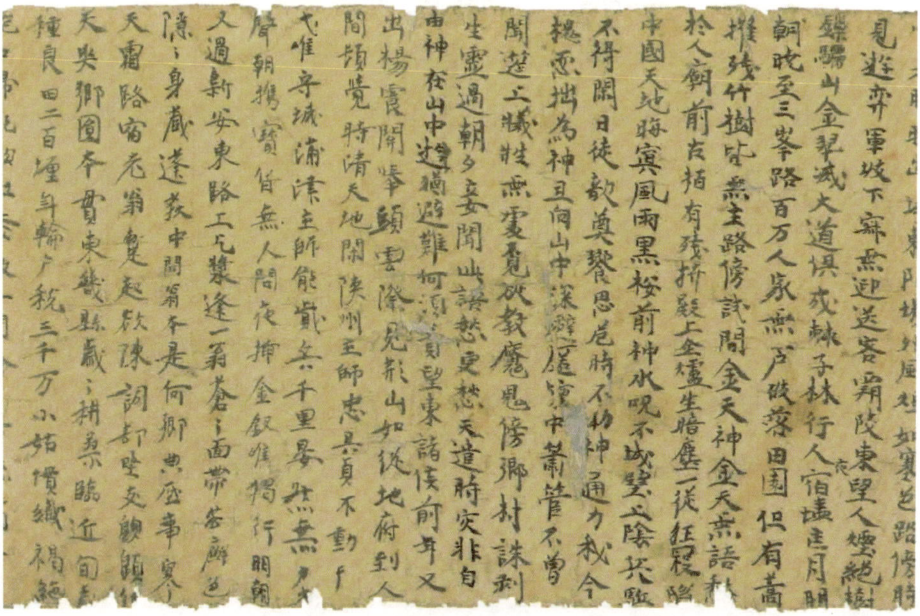

敦煌文献 P.3381 《秦妇吟》局部

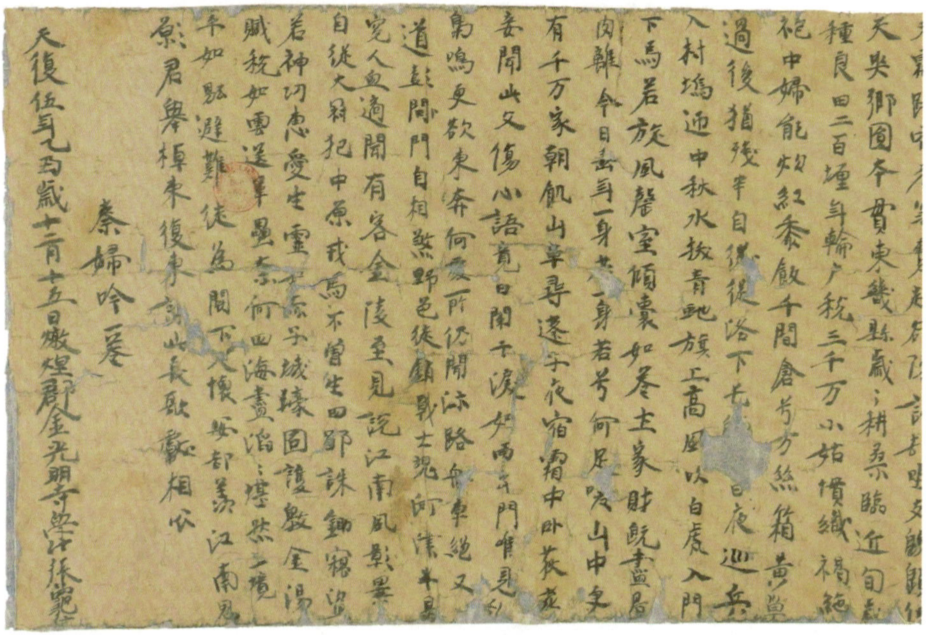
秦婦吟一卷
天復伍年乙丑歲十二月十五日燉煌郡金光明寺學仕張龜

敦煌文献 P.3381《秦妇吟》卷尾

安、洛阳两京，所描绘的是历史的沧桑巨变和百姓的苦难遭遇。唐朝第一长诗《秦妇吟》，作为纪实性的史诗巨作，比正史更加形象细致地描绘了唐末的社会景象。读过《秦妇吟》的人或许会问：“秦妇真有其人吗？”联系作者韦庄本人的经历，秦妇可能只是他虚构的人物，他借诗中的女子秦妇之口将自己那3年目睹的从长安到洛阳的惨状说出，从此成为传世名篇。晚唐五代敦煌的学郎们在学习诗词时，将《秦妇吟》一遍遍传抄读诵，让我们今天有幸一睹唐朝第一长诗的真容。

晚唐宰相的公文范本集

患有社交恐惧症的人都有一个烦恼，有时候想祝贺或者感谢别人，却不知道怎么开口。古时候，过节问候领导和同事、祝贺重要人物升职、对别人表示感谢的时候，都要非常正式地写一封信，这也是一项重要的工作。晚唐一位名叫刘邺的宰相，把他写过的这类包括表、状、书、启在内的书信编成了一本《甘棠集》。不会给上级写信不要紧，翻翻《甘棠集》就知道怎么写了。这么好用的一本工作手册，在当时可能风行一时，可后来还是失传了。幸好藏经洞出土的文献中保存了一件《甘棠集》，使我们在今天能够知道唐朝的各种贺信和感谢信是如何写的。

敦煌文献 P.4093《甘棠集》，今存不足四卷，共有88首书题，实存文不足87首，第88首《贺官》后部残，内容都是唐代官场上往来应酬用的书信。《甘棠集》原作者为刘邺，这件文献是抄本。前三卷66首主要是刘邺在大中八年至十一年（854—857）替他当时的领导陕虢观察使高少逸写的，卷四中22首是大中十四年（860）刘邺任翰林学士后为自己写的。这件文献与前面提到的那些卷轴装的佛经和写卷不同，采用了跟现代书很像的册页的装订形式。这种装订形式在敦煌文献中较少，通常用于实用性强的书籍，以便于随身携带。从装订方式可知，《甘棠集》在当时确实是常用书籍之一。

“甘棠”一名出自《诗经》之甘棠篇，全诗三章，每章三句。内容是告诉人们不要伤害甘棠树，因为那是召伯休息过的地方，以此来感念召伯的德政。中晚唐时人们称陕州为甘棠，刘邺曾在陕虢观察史高少逸府下任职多年。因此，以“甘棠”命名这本书信范本集，可能具有作者工作地和“行德政”的双重含义。与韦庄的《浣花集》比起来，《甘棠集》这个名字也充满诗意，那么这本公文集的文笔如何呢？

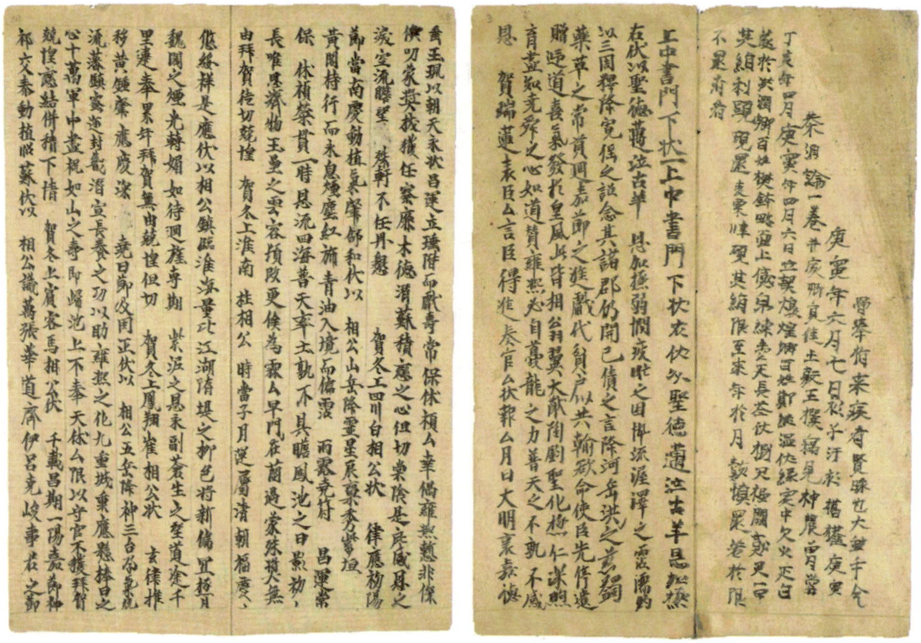

敦煌文献 P.4093 《甘棠集》局部

> 律应初阳，节当南庆；动植气肇舒和。伏以相公山岳降灵，星辰禀秀。紫垣黄阁，持行而永息烟尘；红旆青油，入境而偏沾雨露。尧符昌运，常保休祯。荣贯一时，恩流四海。普天率土，孰不具瞻！凤池之日影初长，唯思济物；玉垒之云容顿改，更俟为霖。厶早在门蘭，过蒙殊奖，无由拜贺，徒切兢惶。

上面这段文字是刘邺替高少逸写给西川节度使白敏中的，前面几句先描写了冬至到来、天气变化，之后赞颂“相公”白敏中的高德懿行，盛赞其得到全国百姓的仰慕。最后一句说自己曾受到白相公的奖掖，借贺冬至节向白相公表示感谢。全文不仅有公文条理清楚、结构分明的特征，而且句句对仗，一气呵成。虽然说的都是客套话，但比起现在枯燥的应用文，这篇文章称得上文采飞扬！

《甘棠集》的作者刘邺一生起起落落，早年在高少逸处当幕僚，后来回京从校书郎做到宰相，又几次离京到地方当节度使。公元880年，黄巢起义军攻陷长安，唐僖宗逃往成都。刘邺来不及随驾，和时任宰相的豆卢瑑和崔沆躲在金吾大将军张直方家。张直方公开投降黄巢，却把很多唐朝官员秘密藏在家中。黄巢军加紧搜查唐朝官员时，刘邺和豆卢瑑、崔沆趁夜逃跑，但都被抓住。黄巢要给他们官职，刘邺以生病为理由拒绝，最终不肯为黄巢所用的三人一同被杀。刘邺当初被遣出京出任淮南节度使时，曾写下“霖雨无功，深愧代天之用；烟霄失路，未知归骨之期”，人人读了都觉得感伤。如今我们透过《甘棠集》，仿佛看到那个颇有写作才能、在夜灯下认真书写的书生身影。

敦煌古人的『文案百事通』

现在大家工作时，如果碰上要写各种文案，可以先在网上搜搜范文、看看格式。古人也有一样的问题，可是那时候没有电脑，更没有互联网，他们怎么办呢？那时候有不少可以参考的范本集，古时称之为“书仪”，大家查一查照着样子写就行了。唐五代书仪种类繁多，主要是供人们写信时的参考范文，包括《朋友书仪》《吉凶书仪》和表状笺启三种类别。《朋友书仪》顾名思义，是写给朋友的，主要叙离别之情，文字优美，文学价值较高。表状笺启类书仪是官场应酬用的，上节讲到的《甘棠集》就属这类。《吉凶书仪》就比较全面了，包括“吉仪”和“凶仪”两大部分。“吉仪”部分除了表、状、启等公务往来范文，还有门风礼教、节日庆赏、婚礼仪注、亲族及朋友往来书信范文。“凶仪”包括从天子到平民百姓各种丧事场合的书信和礼仪文案。

在藏经洞被开启之前，五代以前的书仪都已不存，传世最早的是北宋司马光的《书仪》。敦煌藏经洞保存的书仪，最早的编撰于武

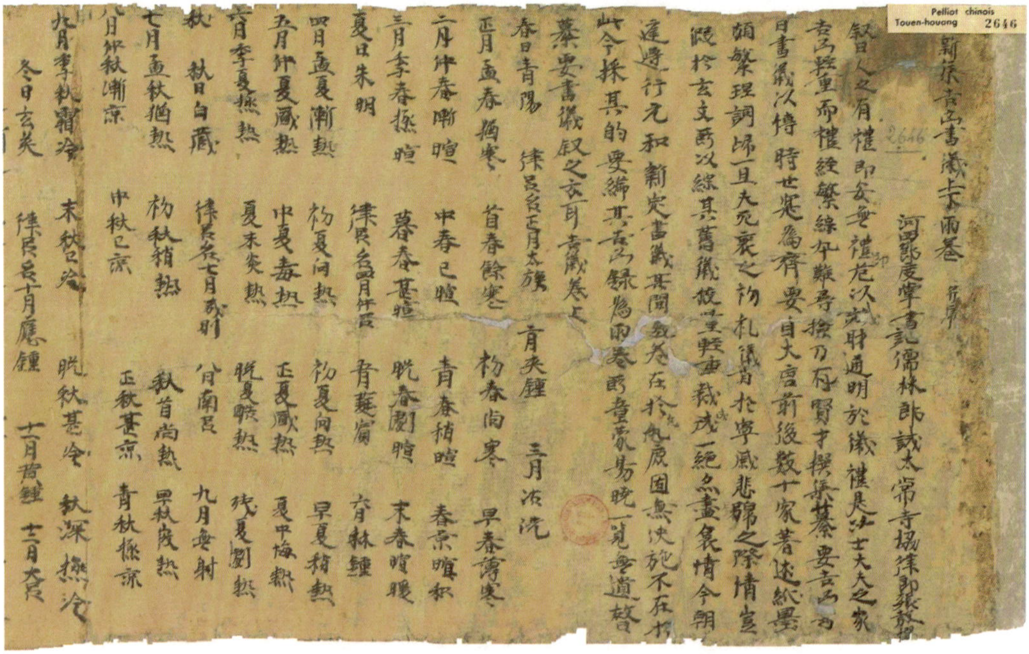

敦煌文献 P.2646 《新集吉凶书仪》卷首

则天当政的初唐时期，最晚的是五代曹氏归义军时期的，大大丰富了现存书仪的内容。这些书仪中不仅有唐代通行全国的郑余庆撰写的《大唐新定吉凶书仪》，还有敦煌本地人张敖撰写的《新集吉凶书仪》《新集诸家九族尊卑书仪》。张敖是晚唐沙州人，在归义军初期任河西节度使掌书记，也就是节度使府专门负责文案撰写的官员。估计他跟刘邺一样，为了工作方便就把这些应用文编成手册，所以《新集吉凶书仪》《新集诸家九族尊卑书仪》算得上是当时敦煌人的“文案百事通”。

张敖编写的书仪在敦煌文献中存有多件，《新集吉凶书仪》卷首为题名、作者署名和序言，“吉仪”正文包括“起居启”“贺正冬启”“贺端午献物状”“四海参慰语并书状”“僧人书”“俗人与道士书”“内外族吉书”“夫与妻书”“妻与夫书”“内外题状样”“通婚书”及婚礼仪注。也就是说，吉仪部分包括给领导、朋友的问候信，给僧人、俗人甚至道士的信，给亲戚们的信，甚至还有夫妻间互相写信的范本！最后是结婚用的各种礼仪文书，内容也很有本地特色。“凶仪”包括丧礼仪注和丧服制度、各种凭吊用的书信和祭文，也就是说碰上丧事按“凶仪”行事就没错。根据尾题，这些写卷抄写于大中十年（856）至显德七年（960）之间，可知张敖书仪在晚唐五代时一直流行。《新集诸家九族尊卑书仪》与《新集吉凶书仪》内容多有相同，只是较后者简略。

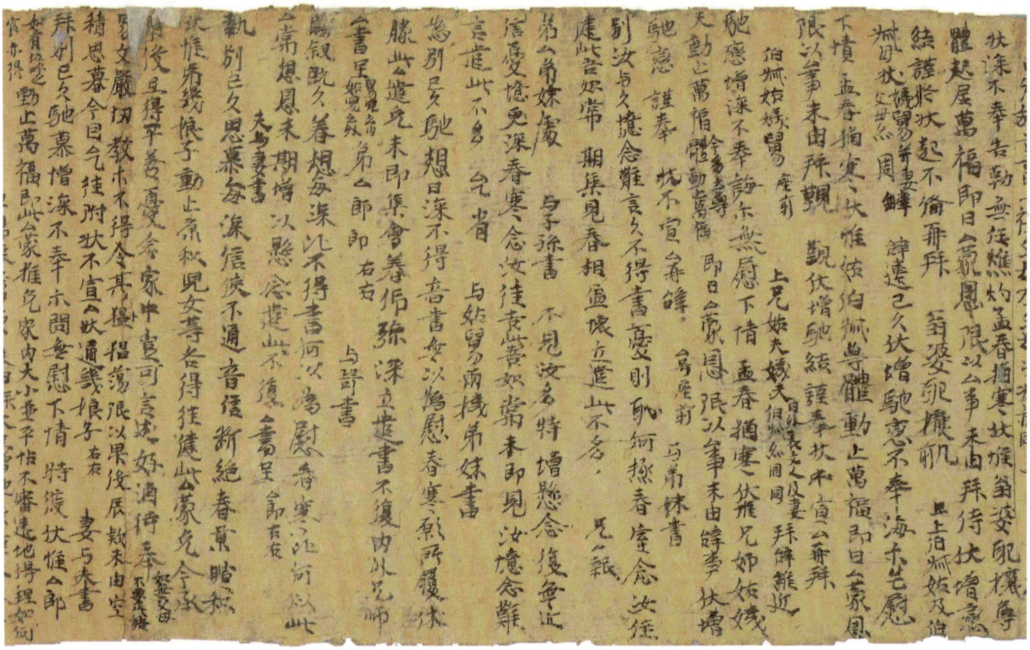

敦煌文献 P.2646 《新集吉凶书仪》局部

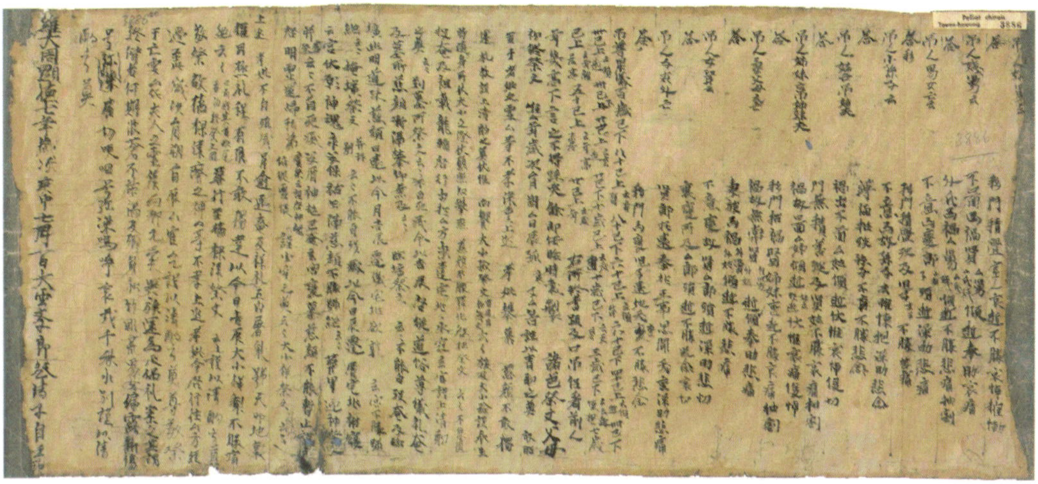

敦煌文献 P.3886 《新集吉凶书仪》卷尾

我们常说，生活要有“仪式感”。法国童话《小王子》里说，仪式感就是使某一天与其他日子不同，使某一时刻与其他时刻不同。中国人向来注重仪式感，正是因为仪式感的存在，我们在过春节、端午节、中秋节等节日时才倍感幸福。如何在春夏秋冬送出问候，不妨学学敦煌书仪，写一封有仪式感的书信，使这一天与其他日子有所不同。

满满仪式感的结婚手册

婚姻是“上以事宗庙，下以继后世”的大事，广宗族、繁子孙，无论是对家庭、家族，还是对社会都有着重要的影响。自古以来，婚姻必须通过一定的仪式来确立，以表示这是极为严肃、郑重的人生大事。中国人向来重视礼仪，婚嫁时需行“六礼”，即纳彩、问名、纳吉、纳征、请期和亲迎六个步骤。在敦煌嫁娶主要包括通婚和成礼两个阶段。每一步怎么进行，将敦煌书仪里的婚礼部分和敦煌文献的《下女夫词》(也叫《下女词》)相结合，就等于备齐了敦煌古人的结婚手册。

要缔结婚姻关系，先要“通婚答婚”，敦煌书仪中的“通婚书”和“答婚书”就在这个阶段使用。在互递婚书之前，由媒人预先说和沟通。男方家长写好“通婚书”，连同聘礼请函使送到女方家里。聘礼一般由六种礼物组成，即雁、羊、酒、黄白米、玄纁、束帛。“通婚书”写家中某男已到婚龄、尚未娶妻，听说女方家某女贤淑有礼、四德兼备，希望能够结为婚姻，有点类似现代男子向女子求婚的味道。“通婚书”

必须用好纸，以楷书书写后放入礼函。随函还要另附问候书一份，以示对女方的尊重。女方收到“通婚书”和礼物之后，写好“答婚书”交给媒人及婚使带回。“答婚书”内容与“通婚书”相似，主要写女儿尚未出阁，承蒙男方家垂爱，愿意与男方结亲。同样用楷书写于好纸之上，装入礼函，并同样附问候书一份。“通婚书”一经双方同意，就相当于现在夫妻双方领了结婚证一样，在古代具有法律效力。

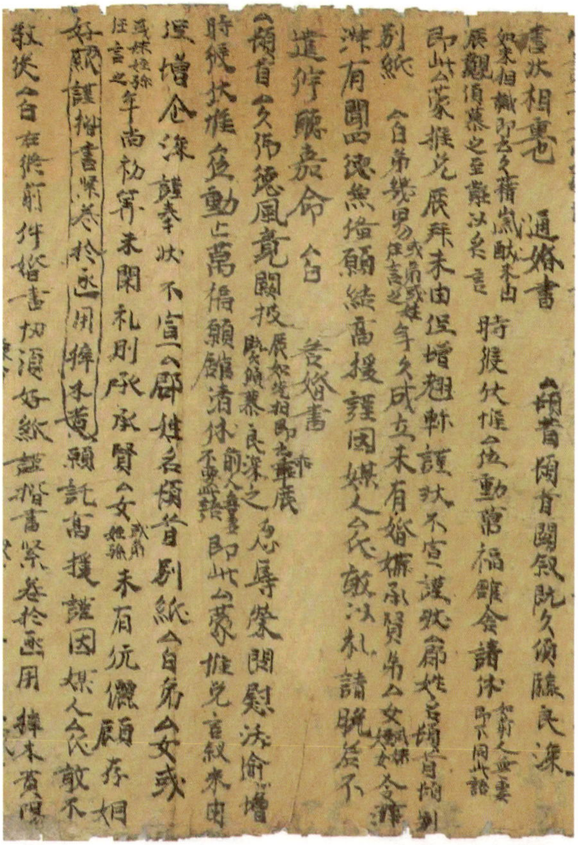

敦煌文献 P.2646 《新集吉凶书仪》之《通婚书》《答婚书》

“成礼”就是正式举行结婚仪式，这是婚礼中最为隆重的阶段。成礼前男女双方家长先各自祭祀祖先，向先人报告子女即将成婚的消息。张敖书仪中还明确记载祭祀后新郎要哭辞父母。婚礼常规是新娘出嫁离家哭别父母，为什么这里换成新郎了呢？因为敦煌当时盛行“入夫婚”，就是男子到女方家成婚的一种婚俗。结婚后女子可以继续住在娘家，时间长短没有明确规定，有的生儿育女后仍不回夫家，男子则保持独立性，自由往来于两家之间。“入夫婚”与“入赘婚”不同，只是在成礼时男就女家，男子并不会附属于女方，“入夫婚”夫妻双方最后的归宿仍是回到夫家。既然男方要先到女方家结婚居住，自然是离家的新郎要哭辞父母。

嫁娶成礼之所以被称为“婚礼”，是因为古人举行婚礼时的所有活动都必须在黄昏之后进行。新郎要在“昏时”去女方家里迎亲，因此最初这一仪式叫“昏礼”，以后演变成“婚礼”。迎亲可不容易，路上会碰上故意封堵道路讨要红包的儿郎，得赶紧用钱打发以免误了吉时。敦煌壁画的迎亲图左下角有一人高擎火炬，在前引路，后面就是新郎与傧相的迎亲队伍，众人都乘马前往。画面虽有残损，但很清楚地表现了新郎在黄昏之后迎亲并让仆役手持火炬在队伍前方照明的“执烛前马”情景。

到了女方家门口，男方先是故意不下马，这时《下女夫词》就派

莫高窟第85窟　黄昏迎亲　盛唐

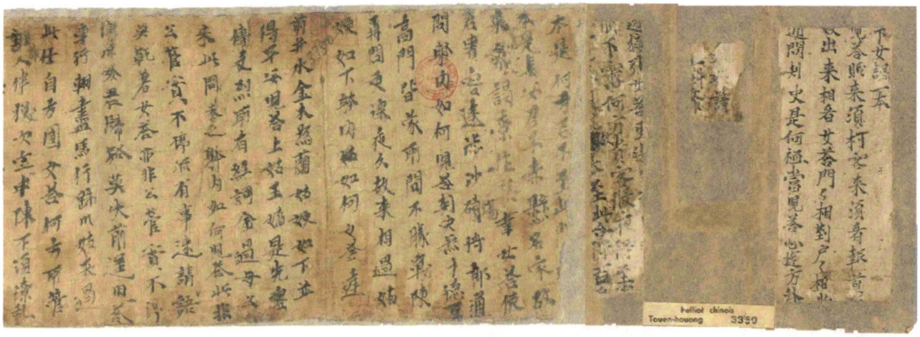

敦煌文献 P.3350 《下女夫词》局部

上用场了。《下女夫词》是一系列婚礼仪式必用的歌词，从男方到女方家开始一直到入洞房都有一系列好言美语。男方自夸新郎门第才貌，女方一再对答以劝说新郎下马。新郎进门后，不仅要行拜门礼，还要对女方家的大门、中门、堂基、堂门、门锁和土堆都吟诵五言绝句一首。相当于见到啥都要即兴吟诗一首，这要是没有《下女夫词》当底本，可就把新郎难住了。

古代的洞房并不设在屋内，一般在院中搭建“青庐”。“青庐”最初是游牧民族的帐形居所，便于移动，为什么在婚礼上会被用作洞房呢？一来“青庐”内部由很多枝条搭成，外遮青布，因此也叫“百枝帐”，取其谐音就成了“百子帐”，这一名称非常符合古人“多子多福”的心理，从名称上看很吉利。二来古人非常迷信，认为“青庐”可以“避煞”，也就是避邪。“青庐”铺设好后要进行“撒帐”，跟现在结婚撒床的习俗相似，把寓意多子富贵的果子和金钱撒进“青庐”。

婚礼的高潮是“拜堂”，新郎新娘在选定的吉时良辰拜堂成婚。中古时期敦煌的婚礼多在女方家举行，新娘在自己家中，没有行大礼的

莫高窟第33窟　拜堂成婚　盛唐

规定。而新郎身在女方家，要面对岳父岳母，所以新郎是行礼的重点，须行重礼。敦煌壁画保存了男跪女揖式拜堂礼的场景。新郎匍匐在地，下跪叩头；新娘站在一旁，双手敛于胸前。这种行礼方式俗称“男拜女不拜”。

拜堂后行奠雁之礼，聘礼中的大雁在婚礼成礼时是有实际用途的。这时先让新娘坐在马鞍上，取平安之意。以围障将新娘新郎隔开，新郎取雁，隔障掷入堂中，新娘将雁接住，这就是“奠雁礼”。“奠雁礼”之后，男方将雁从女方手中赎回放生。在婚嫁图中的双雁，或两口对接相衔，或两雁扑翅相悦，或相对凝视，或并肩静立，重点表现大雁之间从一而终、情贞不移的特点。只是大雁不容易获得，“奠雁礼”有时会用一些替代品，常用的是木雁，即以木刻成的道具大雁，有时也用鹅代替。

“青庐”是新人的新房，“奠雁礼”后新郎新娘被引入“青庐”同牢合卺。“同牢”是新婚夫妇共吃一盘肉食，象征两人开始共同生活。“卺”是婚礼专用的一种酒器，把葫芦一分为二，用彩线连接，里面盛酒，新婚夫妇各持一片，一起举杯饮完。后世称“合卺”为交杯酒或合欢酒，以象征男女的结合。唐代规定，新婚夫妇在青庐内分列左右而坐，主食设同牢盘，夫妇各吃三口，由傧相或侍者喂食。合卺杯，将小瓢分作两片，放在托盘里，如无小瓢，可用金、银小盏子代替，

莫高窟第360窟　青庐　中唐

莫高窟第12窟　婚礼图　晚唐

盏子用彩绳连足。除同牢合卺外，在青庐内还举行一连串活动，都是围绕着新郎新娘取乐的，如去扇、去幞头、除花等，类似于后世的闹洞房。最后吹烛下帘，婚礼至此完成。

不仅敦煌文献里有“本地人结婚手册”，敦煌壁画里还保存了许多婚嫁图。佛经称弥勒于佛祖释迦牟尼涅槃五十六亿七千万年后降世成佛，弥勒佛主持的世界异常美好，人的寿命将达到八万四千岁，而女子到五百岁才出嫁。敦煌壁画的婚嫁图正是画工根据佛经中“女人年五百岁尔乃行嫁”一语，结合现实世界中所见的婚庆场面绘制的。画中左侧为帷帐下的婚宴，古时称为礼席，设宴是为了招集亲朋好友共同庆贺。酒席为一长桌，放置丰盛的食物，客人分坐两侧。在礼席的对面，用布幔等物围成屏障，供新郎新娘拜堂行礼之用。婚礼上的主角是新郎新娘，为了这次人生的盛典，他们各有一番非凡的打扮，加上男女傧相的烘托，更显得气氛热烈欢快。画中新郎头戴幞头，身着红色长袍，双手持笏板，正五体投地行大礼。他们前面放着彩礼，三只箧内盛有衣物、匹帛、被褥等，旁竖圆镜一面。

总体来说，敦煌的婚嫁习俗是传统与创新、中原与西陲、民族与宗教互相影响与融合的产物。它沿袭了中原传统的“六礼”，仍遵循“六礼”的“父母之命、媒妁之言”的规定，又在操作上进行了创新。彩礼中的“玄纁、束帛”，迎亲前祭拜先灵、昏时而往、执烛前马等，特别是奠雁，都是古六礼的标志行为，反映了敦煌婚俗对古六礼的承袭。随着时代的发展，敦煌对古六礼也做了一些简化与改进，如把六礼合为通婚和成礼两大阶段，五礼用雁改为成礼一次用雁等。敦煌的婚俗体现了婚姻从纯粹的礼教向更为社会与世俗方向发展的过程。

诗歌中的敦煌风物

如果想去敦煌旅游，一定会查查那里的旅游攻略。敦煌有哪些名胜古迹？莫高窟、鸣沙山、月牙泉……1000多年前的一位古人，曾经为当时的敦煌风物写过组诗——《敦煌廿咏》。从诗名就可以知道，这组诗一共有20首，全部描写敦煌的景和物，妥妥的一本“唐代敦煌旅行指南”。藏经洞出土了多件《敦煌廿咏》，其中最完整的是法国国家图书馆收藏的敦煌文献 P.2748。现在就让我们一起读读它，开启一场敦煌的访古之旅。

《敦煌廿咏》开篇为作者自序：“仆到三危逾二纪。略观图录，粗览山川。古迹灵奇，莫可详究，聊申短见，咏以讽美名云尔矣。”从序文来看，作者不是敦煌本地人，他到这里已“逾二纪”。古时以12年为一纪，说明作者到敦煌已过24年了。他谦虚地说自己粗略地游览山川，但寻古迹、讽美名都不是一天能完成的。可惜作者的真实身份已不得而知，学者们推测这些诗写于中晚唐时期。

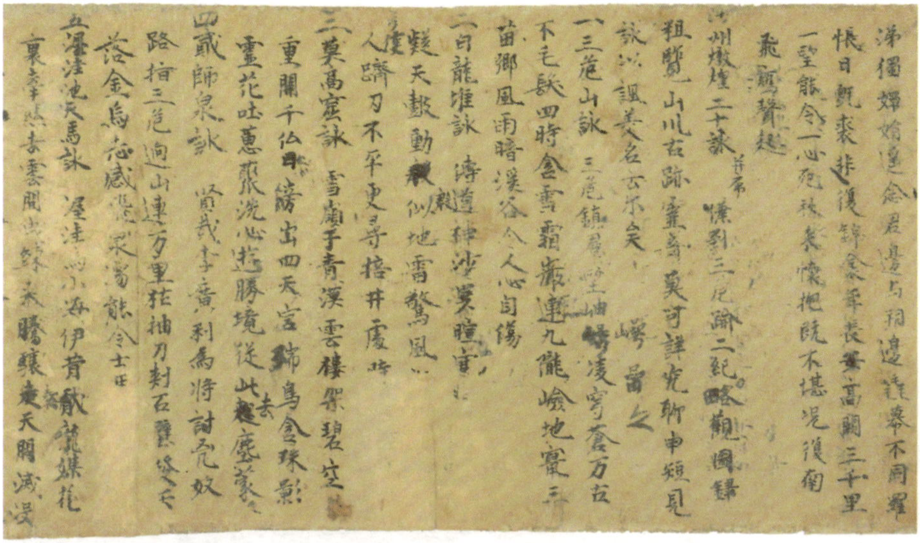

敦煌文献 P.2748 《敦煌廿咏》局部

一、三危山咏

三危镇群望，岫崿凌穹苍。

万古不毛发，四时含雪霜。

岩连九陇险，地窜三苗乡。

风雨暗溪谷，令人心自伤。

三危山，位于莫高窟对面。从莫高窟望过去，可以看到明显的“山”字形的三座山峰危峙，所以叫三危山。传说舜曾“流四凶”，就是把四个不好管理的部落分别迁徙到东、西、南、北四方。其中一个部落就是在江淮、荆州一带闹事的三苗，据说舜把他们迁到了西部的“三危”。从西晋到宋代的不少史籍中都认为，三苗后来迁居的三危之地，就是

三危山

指位于敦煌城东南的这座山。所以诗中说这里是“三苗乡”。三危山是敦煌的地标，古时也常以“三危”代称敦煌地区。

二、白龙堆咏

传道神沙异，暄寒也自鸣。
势疑天鼓动，殷似地雷惊。
风削棱还峻，人跻刃不平。
更寻掊井处，时见白龙行。

白龙堆，简称龙堆，即现在的库姆塔格沙漠，位置在今新疆罗布泊以东至甘肃敦煌间。诗中所指的就是现在敦煌的雅丹国家地质公园，俗称雅丹魔鬼城。雅丹地貌是气候极端干旱区的代表性地貌类型，是约十万年以来风、水等侵蚀第四纪沉积物的结果。这里之所以被称为“龙堆”，是因为隆起的土堆形如土龙身，因形得名。敦煌的雅丹地貌分布广泛连续，雅丹体类型齐全、形态多样，使这里成为研究雅丹地貌形成演化的天然实验室。这里既是休闲娱乐、探险寻奇和旅游观光的胜地，也是普及地质学知识的天然课堂。

这首诗的题名虽是白龙堆，但实际内容写的却是鸣沙山。鸣沙山位于甘肃省敦煌市城南5公里处，处于库姆塔格沙漠边缘，现在是国家级重点旅游风景名胜区。古人认为鸣沙山有两个奇特之处：一是众人若从山顶滑下，脚下的沙子会发出雷鸣般的轰响；二是白天人们爬沙

鸣沙山、月牙泉

山踏踩过的痕迹，第二天会全部消失，沙山仍旧和没人时一样。鸣沙山的这些特点，古人认为非常神奇，也称它为神沙山。鸣沙山由流沙堆积而成，沙粒有红、黄、绿、白、黑五色。月牙泉处于鸣沙山的环抱之中，因其形酷似一弯新月而得名。两者交相辉映，形成难得一见的大漠奇观。

三、莫高窟咏

雪岭干青汉，云楼架碧空。
重开千佛日，旁出四天宫。
瑞鸟含珠影，灵花吐蕙丛。
洗心游胜境，从此去尘蒙。

莫高窟，俗称千佛洞，位于甘肃省敦煌市东南25公里鸣沙山东麓的断崖上。据唐碑记载，莫高窟的第一个洞窟开凿于前秦建元二年（366），距今已经1650多年了。现存735个洞窟，其中有壁画彩塑的洞窟492个，壁画总面积约4.5万平方米，被誉为全世界最大的画廊。莫高窟洞窟外面原来有大量的木构窟檐，可惜现在多已不存。这首诗中描写的是唐代莫高窟的盛景，那时可见木构窟檐如高楼飞阁耸入云霄，呈现出“云楼架碧空”的景象。唐代是莫高窟开窟的繁盛时期，“计窟室一千余龛”。而且整个窟区瑞鸟灵花，环境怡人，诗人游览后觉得心灵都得到洗涤，一时摆脱了世间的烦恼。

莫高窟

四、贰师泉咏

贤哉李广利，为将讨匈奴。
路指三危迥，山连万里枯。
抽刀刺石壁，发矢落金乌。
志感飞泉涌，能令士马苏。

贰师泉，即悬泉，又名吊吊水，在今安敦公路甜水井道班东南山中，为汉代悬泉置的水源。传说西汉名将贰师将军李广利讨伐大宛时，回程路过此山，人困马乏又没有水喝。李将军以手拍石，对天盟誓，又拔出佩剑刺向山体，山间立即有一股泉水喷涌而出，解决了军士们的饮水难题。为了纪念这件事，当地人将这个泉水命名为贰师泉。泉水从石头中间涌出，文中记载其出水量可以随着饮水人的多少而变化。在藏经洞的文献中，除了这首《贰师泉咏》，还有一篇《贰师泉赋》也赞颂了李广利开山引泉的事情。诗人借泉咏人，把西汉名将李广利刺石涌泉与后羿发矢射金乌相比，表达了他对贤者的崇敬之情。

五、渥洼池天马咏

渥洼为小海，伊昔献龙媒。
花里牵丝去，云间曳练来。
腾骧走天阙，灭没下章台。
一入重泉底，千金市不回。

渥洼池在唐代也叫寿昌海，位于敦煌市南湖乡东南4公里的黄水坝水库一带。汉武帝元鼎四年（前113），史载此地出天马。实际是当时南阳新野人暴利长，受刑被罚在敦煌屯田，看到来此饮水的野马中有特别奇异出众的。于是先放一个假人拿着勒靽在渥洼水边，马群每天饮水时看到假人一动不动，时间一长就失去警惕。一天暴利长代替假人，自己拿着勒靽站在水边，趁野马饮水不备时给奇异的那匹马套上勒靽。暴利长捕捉到这匹野马后，把它献给了汉武帝。汉武帝见这匹马体态魁伟，骨骼非凡，高兴地写下了一首《天马歌》。从此，渥洼池同“天马”一举成名。现在池水已干，其北有黄水坝水库，西坝出水，涵洞上题额“渥洼池”。

六、阳关戍咏

万里通西域，千秋尚有名。

平沙迷旧路，眢井引前程。

马色无人问，晨鸡吏不听。

遥瞻废关下，昼夜复谁扃？

阳关遗址位于今敦煌城西70公里处，俗称“古董滩”，距遗址约800米处有阳关博物馆。元狩二年（前121），西汉王朝设置了武威、酒泉二郡，敦煌地区归酒泉郡管辖。元鼎六年（前111），分武威、酒泉两郡之地，设张掖、敦煌二郡。此时长城已从酒泉修筑到了敦煌以西，朝廷于敦煌郡城的西面分设玉门关和阳关，扼守西域进入河西和中原的大门，完成了“列四郡，据两关”之势。古代以山南水北为阳，该关口因在玉门关之南故称“阳关”，是敦煌通往西域南路的必经之地。

敦煌阳关烽燧

唐代在寿昌城西十里（一说七里）设置阳关戍。作者见到的阳关戍景象，已是古道迷失、互市废弃、贡马已绝，关吏也不会在黎明时闻鸡鸣声启关放行。作者遥望废关，缅怀既往，感慨现在谁来关阳关的大门。

七、水精堂咏

阳关临绝漠，中有水精堂。
暗碛铺银地，平沙散玉羊。
体明同夜月，色净含秋霜。
可则弃胡塞，终归还帝乡。

水精堂位置不详，从诗中看应该在阳关。作者除了描述水精堂的明净，还在最后一句讲了“谭可则归唐”的故事。元和十五年（820），淮南裨将谭可则在防边时被吐蕃人抓走。当时吐蕃人还不知道唐宪宗驾崩，非常害怕唐朝收复河湟地区。他们把谭可则关在地牢里，不给饮食，拷问再三才相信宪宗已死，并把这个重要的消息飞马传送给赞普（吐蕃国王）。那时，吐蕃人抓到汉人后，如果这个人没有什么才能，就被黥面充为奴隶；而对那些略有文化的，会在其手臂上刻字，供赞普驱使。

谭可则因为识文断字，所以吐蕃人想让他作为“知汉书舍人”为他们服务，但他不愿意。在吐蕃期间，他多次逃跑都没有成功，每次都被抓回来狠狠鞭打。被俘6年后，他终于找到机会逃回大唐。开成四年（839），在越州遇到谭可则的赵璘，把他的事迹记录下来。当时谭可则因为在吐蕃时冻坏了脚，走路很慢，手臂上还有被刻的文字，汉语意思是“天子家臣”，这是他曾经作为吐蕃赞普家臣的标记。这时的谭可则说话时虽略带蕃音，但并不妨碍他与赵璘仔细分析如何才可以收复河湟，报效大唐之心不改。

八、玉女泉咏

用人祭溪水，黍稷信非馨。

西豹追河伯，蛟龙遂隐形。

红妆随洛浦，绿鬓逐浮萍。

尚有销金冶，何曾玉女灵。

玉女泉在沙州城西北，位于唐代兴胡泊之东，北有长城。传说这眼泉水里有水神，每年都要送童男童女各一人，投入泉中祭祀。祭祀之后风调雨顺、秋收丰硕；如果不祭祀，就会风雨不调、损害稼苗。唐玄宗时的沙州刺史张孝嵩得知此事后，在泉边设坛供上牲畜，请水神现身。妖龙从水中跃出，张孝嵩于是放箭杀龙并斩下龙头，随后将此龙献于唐玄宗。玄宗非常赞赏张孝嵩，把龙舌割下回赐张孝嵩，并赐号“龙舌张氏”。但在中唐到北宋年间，当地人认为此泉为本地水神玉女娘子的居所，仍每年祭祀。所以诗人在此借西门豹、张孝嵩的事迹，否定对水神玉女娘子的信仰。

九、瑟瑟咏

瑟瑟焦山下，悠悠采几年。
为珠悬宝髻，作璞间金钿。

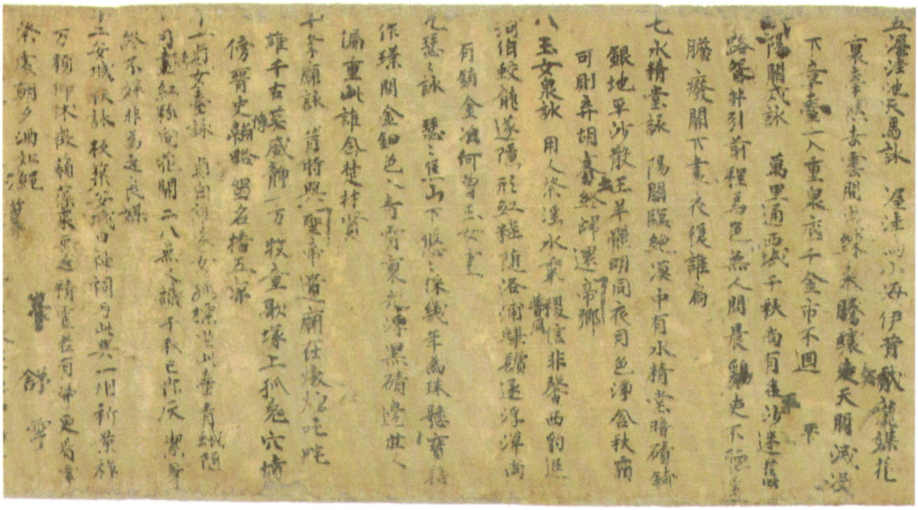

敦煌文献 P.2748 《敦煌廿咏》局部

色入青霄里，光浮黑碛边。

世人偏重此，谁念楚材贤。

“瑟瑟”是西域传入的一种宝石，有人认为是一种深蓝色的宝石。诗中先是描写开采瑟瑟之难，之后描写将其制成首饰佩戴及瑟瑟的色泽。最后感叹世人都偏爱瑟瑟，没人在乎过真正的人才。

十、李庙咏

昔时兴圣帝，遗庙在敦煌。

叱咤雄千古，英威静一方。

牧童歌冢上，狐兔穴坟傍。

晋史传韬略，留名播五凉。

东晋隆安四年（400），敦煌太守李暠被推举为大将军、沙州刺史，建立西凉政权。西凉定都敦煌，敦煌在历史上第一次成为都城。西凉政权（400—421）建立了县、乡、里三级行政管理机构，实行严密的编户制度，并鼓励生产。敦煌地区出现了五谷丰收、百姓乐业的景象。李暠在敦煌城内为其父立先王庙，人称李先王庙。李先王庙东侧有李庙，为李暠三个儿子的庙，唐初时两庙均已颓毁，诗人借李庙怀念西凉太祖兴圣皇帝李暠。

十一、贞女台咏

贞白谁家女？孤标坐此台。

青蛾随月转，红粉向花开。
二八无人识，千秋已作灰。
洁身终不嫁，非为乏良媒。

东晋十六国后凉时期，敦煌有一位美女张氏，她少年出家，不爱红尘。有一次，后凉君主吕隆偶然见到张氏。他垂涎张氏的美貌想将其纳入后宫，派中书郎裴敏去劝说张氏。张氏擅长言辞，不仅拒绝入宫，还把裴敏说得理屈词穷。吕隆亲自去逼张氏入宫，张氏说自己已经出家不能从命，于是口诵佛经跳楼自尽。张氏后来被称为张贞女，贞女台位置现已不详。诗人想象着张贞女的样子，称赞其坚持自保贞节抗婚不嫁的行为。

十二、安城祆咏

板筑安城日，神祠与此兴。
一州祈景祚，万类仰休征。
蘋藻采无乏，精灵若有凭。
更看云祭处，朝夕酒如绳。

祆教，是古代对传入中国的琐罗亚斯德教的称呼。由于其视圣火为最高善神的化身，日常对圣火进行祭祀，因此也叫拜火教或火祆教。琐罗亚斯德教在波斯萨珊王朝时成为国教，并在中亚地区广为传播，约在6世纪初传入中国。作为丝路要冲的敦煌地区，很早就有粟特人的聚集地，这些信仰祆神的粟特人，在沙州城东建立了祆神庙。通过这

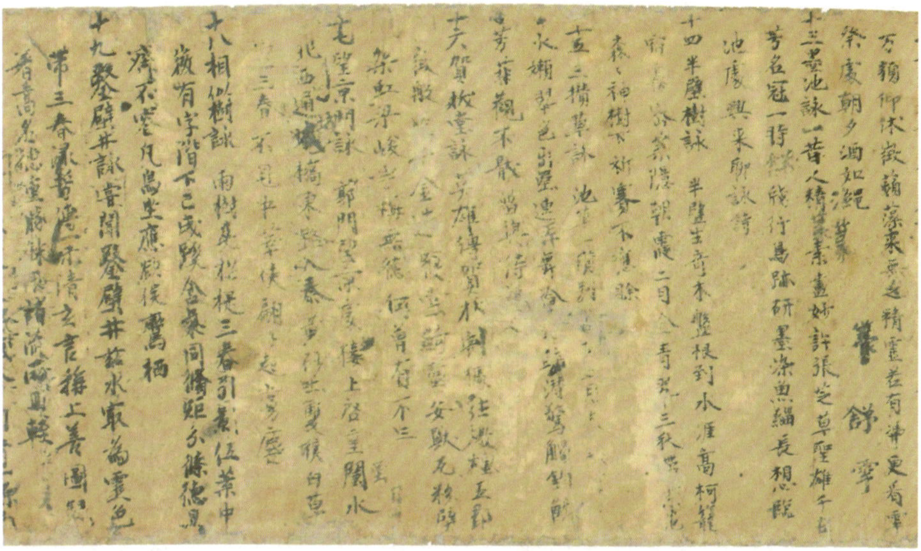

敦煌文献 P.2748 《敦煌廿咏》局部

首诗歌可以知道，敦煌城里的祆神庙曾经非常热闹，祭祀祆神时日夜让酒流淌，用“酒如绳”来形容极为形象。

十三、墨池咏

昔人精篆素，尽妙许张芝。
草圣雄千古，芳名冠一时。
舒笺行鸟迹，研墨染鱼缁。
长想临池处，兴来聊咏诗。

张芝是东汉著名的书法家，因擅长草书，被誉为“草圣”。他从小在敦煌城北的水池边练习书法，整池水都被墨染黑，后人因此称此池为“张芝墨池”。张芝出身名门，他拒绝朝廷征召，一生潜心研习书法。诗人对张芝墨池的吟咏，表现出他对张芝品行和书法的赞赏。

十四、半壁树咏

半壁生奇木，盘根到水涯。
高柯笼宿雾，密叶隐朝霞。
二月含青翠，三秋带紫花。
森森神树下，祈赛不应赊。

这首诗讲的是一棵水边生长的奇树。诗人描绘了它的高大茂盛，二月发芽、三秋开花，还说在这棵神树下，祭神的活动应该不少。

十五、三攒草咏

池草三攒别，能芳二月春。
绿苔生水嫩，翠色出泥连。
弄舞餐花蝶，潜惊触钓鳞。
芳菲观不厌，留兴待诗人。

这首诗描写了生长在敦煌的三攒草，把它作为二月春天的象征。有人认为三攒草是水草，也有人认为是芦苇。诗人借它描绘出春天的景色，嫩绿的水草、弄舞的蝴蝶、游动的鱼儿，满眼芳菲，使人百看不厌。

十六、贺拔堂咏

英雄传贺拔，割据王敦煌。
五郡征般匠，千金造寝堂。
绮檐安兽瓦，粉壁架虹梁。
峻宇称无德，何曾有不亡。

唐高祖时瓜州刺史贺拔行威，武德三年（620）举兵反唐，割据敦煌。诗中的贺拔堂，就是贺拔行威广招工匠、花费巨资营建的豪华宫殿。而仅仅两年，贺拔氏就被瓜州土豪王幹斩杀，敦煌重新归唐。诗人最后说贺拔行威不修德政，哪有不灭亡的道理。

十七、望京门咏

郭门望京处，楼上启重闉。
水北通西域，桥东路入秦。
黄砂吐双堠，白草生三春。
不见中华使，翩翩起虏尘。

唐代敦煌城的东门，因门下的道路通往长安，故名“望京门”。诗人登上城楼，看到了敦煌作为丝路要冲西通东连的交通道路。他眺望长安，看不到朝廷来的使者，看到的只有敌寇的侵扰，心中极为惆怅，对边境的不安感到忧虑。特殊的边塞景色与深沉的国事情怀，这首诗将景与情有机地融合在一起。

十八、相似树咏

两树夹招提，三春引影低。

叶中微有字，阶下已成蹊。

含气同修矩，分条德且齐。

不容凡鸟坐，应欲俟鸾栖。

“相似树”指敦煌一座寺院两边生长的形状相似的两棵树，繁茂的枝叶投下了低低的阴影，树下被踏出了小路。这样两棵外形相似、品质一样的树，容不得普通的鸟落在上面，它们应是要等待神鸟前来栖居。

十九、凿壁井咏

尝闻凿壁井，兹水最为灵。

色带三春渌，芳传一味清。

玄言称上善，图录着高名。

德重胜铢两，诸流量且轻。

“凿壁井”位置不详，应是从崖壁山石有水源处开凿出来的井。诗中描述了井水的灵异，这里的水清灵碧绿、清香甘醇。这就是《老子》中所说的最好的水，图经中也记录过它的名字。诗人说品德比金钱更重要，其他的水与这口井的水相比就不算什么了。

二十、分流泉咏

地涌澄泉美，环城本自奇。

一源分异派，两道入汤池。
波上青频合，洲前翠柳垂。
况逢佳景处，从此遂忘疲。

“分流泉”是唐代敦煌城西南的泉水，因其绕城分流后至城东北又合流向北，故得此名。诗中描写了泉水清澄甘美、环城而流、一同汇入护城河的特点。之后描写水面青草和河岸的翠柳，让景色充满了诗情画意，诗人被景色吸引而忘却疲惫。

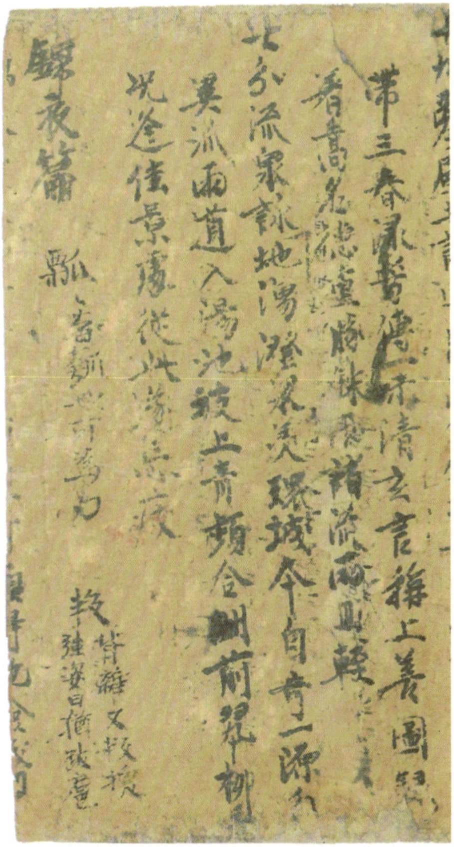
敦煌文献 P.2748 《敦煌廿咏》局部

《敦煌廿咏》虽然是对敦煌风物的题咏，但作者却将自己的情绪写入诗中，借物抒情。全诗从写山开始到写水结束，明指暗喻敦煌古今的著名人物。作者尽情抒发了各种情绪，或叹息或赞扬，表面上是在怀古，实际上是在写当时的敦煌社会。《敦煌廿咏》对整个敦煌地区风物的描写，在今天看来仍能沟通古今且富有价值。

中国最早的『妇联』

古往今来，妇女的社会角色丰富而复杂。传统上，常用“事亲育子、敬顺婉淑”来赞美中国古代妇女，似乎她们很少跨出家门参与门墙之外的活动，但事实并非如此。敦煌历史上，从事商业、手工业而且经营得有声有色的女性比比皆是，她们靠自己的双手谋生，经济上完全可以独立。那时的女性所受的约束也比宋明理学出现后要少。唐代武则天执政后所推出的一系列政策，强烈触动了男尊女卑的传统观念，让敦煌壁画中的“大唐女神”也更惟妙惟肖。而一些藏经洞社会文书的出土，也让我们能够直观地“走近”这些敦煌女性的生活原貌。

在中国民间早有“结社”的习俗。什么是“社”？“社”的原意与祭祀有关，伴随“社”出现的一个重要的特征，即人口的聚集；后来只要是一群人聚集在一起，不论其组织性如何，都可被称为“社”。这些“社”根据设立的宗旨和社人的成分不同而各有专名，如兄弟社、亲情社、官品社、坊巷社、香火社、燃灯社、渠人社等，其中还有纯粹由女性组成的“女人社”，非常引人注目。

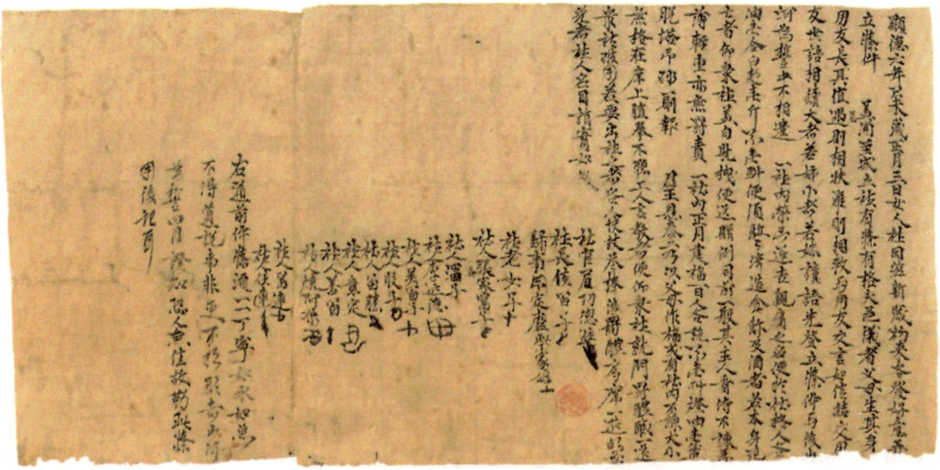

敦煌文献 S.527 《显德六年女人社社约》

女人社，是指由女性单独结成的民间团体，是私社的一种。私社由某一地域的部分居民自愿组成，最早出现在汉代，魏晋南北朝时期得到进一步发展，到隋唐五代时期盛行。私社大体上有两种类型，一类主要从事佛教活动；另一类则主要从事经济和生活的互助活动，其中最重要的是丧葬互助，也有兼营社人的婚嫁、立庄造舍的操办帮助等。这里，要特别注意的是“自愿”这个词。藏经洞出土了三百余件社邑文书，其中有两件关于妇女结社的文书，它真实记录了古代女性对理想化生活的自发实践。敦煌文献 S.527《显德六年女人社社约》全文如下：

显德六年己未岁正月三日，女人社因滋新岁初来，各发好意，再立条件。盖闻至城（诚）立社，有条有格。夫邑仪者，父母生其身，朋友长其值，遇危则相扶、难则相救，与朋友交，

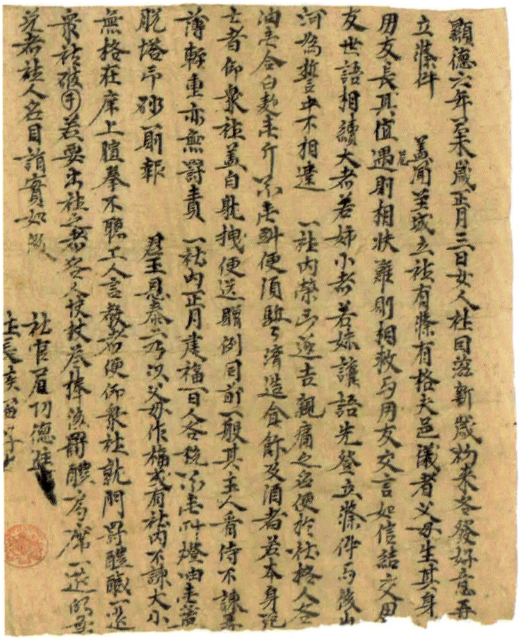

敦煌文献 S.527
《显德六年女人社社约》卷首

言如信，结交朋友，世语相续。大者若姊，小者若妹，让语先登，立条件与后。山河为誓，中不相违。

一、社内荣凶遂吉，亲痛之名，便于社格，人各油壹合，白面壹斤，粟壹斗，便须驱驱济造食饭及酒者。若本身死亡者，仰众社盖白躭拽便送，赠例同前一般。其主人看待，不谏厚薄轻重，亦无罚责。

二、社内正月建福一日，人各税粟壹斗，灯油壹盏，脱塔印沙。一则报君王恩泰，二乃为父母作福。或有社内不谏大小，无格在席上喧拳，不听上人言教者，便仰众社就门罚醴咸一筵，众社破用。若要出社之者，各人决杖叁棒后，罚醴为席一筵的无免者。社人名目诣实如后。

社官尼功德进（押）

社长侯富子（押）

录事印定磨柴家娘（押）

社老女子（押）（以后十一名社人名字从略）

右通前件条流，一一丁宁，如水如鱼。不得道说事非，更不于愿者。山河为誓，日月证知。恐人无信，故勒此条，用后记耳。

这件结社文书写明“显德六年”，也就是五代后周时期。敦煌河西地区自古就是少数民族聚居地，妇女所受封建礼教的约束比中原地区相对要少，不仅男人可以结社，在唐五代宋初还出现了既从事佛教活动，也从事经济和生活互助活动的女人社。可以说，活跃在敦煌的“女人社”，是中国最早的妇女组织。

从这件文书的前半部分可以看出，唐代以后的女人社都有类似章程的社条，其内容包括结社目的、立条缘由，并且规定了组织、活动内容以及罚款等具体条款，并经由全体社人签名或画押。女人社的组织形式十分严密，社内有社官、社长、录事、社老，都由社人民主推选。社内一切义务人人分担，一切活动人人参加，不得相违；凡不

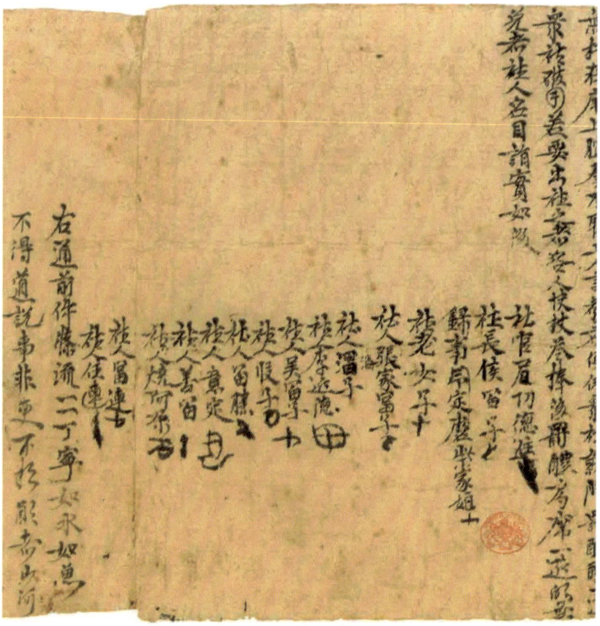

敦煌文献 S.527
《显德六年女人社社约》局部

来或迟到，都有严厉的处罚条约。这是再磊落不过的“民主作风”。

在古代，结社可不是个随随便便的事。入社要有“书面申请”，即入社状，并交纳一定财物；退社时，要有退社状，受到决杖处罚，并宴请全体社人。结社时，不仅有誓言，“山河为誓，日月证知。恐人无信，故勒此条”，还要画押。从这些严格的规约来看，她们设立了类似于今天公司章程的立社条约，合理、明确并有约束性。

这件文书的最后，列明了包括这个女人社的社官在内的一共十五位社人的名单。她们除了一起礼佛做功德，还共同参与各种社交活动，一起吃饭、喝酒，一起游戏，提倡社内人与人之间地位平等，互相尊重，互相帮助，互相爱护。比如社团内成员或亲眷去世时，社内其他成员都要出资出力，帮助亡者家人祭祀、追悼、送殡、埋葬。这不仅有互助的目的，还有教育社人孝敬祖辈、养老送终的意义。再比如，古代敦煌地区的“建福”活动日，是女人社成员们祭祀后的欢聚日。她们一起祈福，聚餐交往，所花费用各自承担。这不就是我们今天的 AA 制嘛！

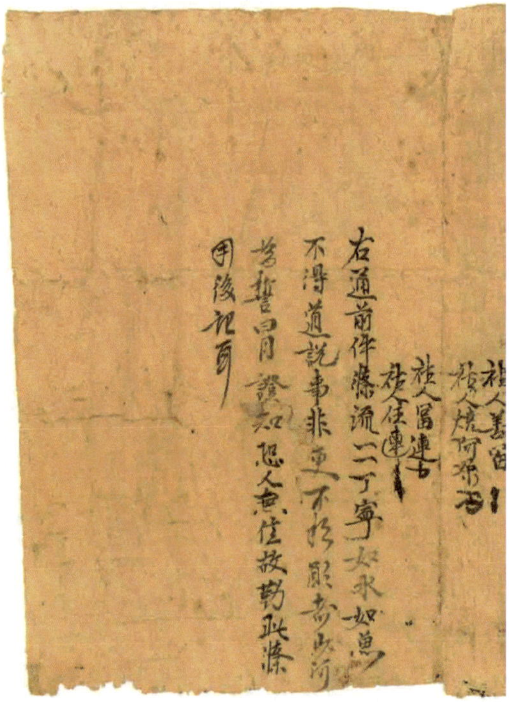

敦煌文献 S.527
《显德六年女人社社约》卷尾

研究妇女运动史的学

者专家，往往认为女性结社是从西欧女性主办的文艺沙龙开始的。从很多外国文艺作品中可以看到，一些西方上流社会的贵族妇女经常会组织以音乐、绘画欣赏、诗文朗诵、舞会宴饮等为主题的社团活动，但这类女性社团较为松散，以邀请制为主，内部也有身份、地位之分。而敦煌藏经洞文献中所记录的敦煌唐五代时期的女人社，社内成员都是下层劳动妇女，她们地位平等，“大者若姊，小者若妹”，并没有贵贱之分，彼此关系亲密。从这个意义上说，敦煌女人社可以说是世界劳动妇女团结联合的先导，是现存世界上最早的“妇联”。

看来，是我们小看了古时的敦煌女子。在男尊女卑的古代社会，女人社虽然只是昙花一现，但藏经洞文献却透露出更多真实的信息。敦煌地区这些女性自发组织的结社集体行为，虽然是由于信仰的驱使，但她们结合为群体，互帮互助，在相当程度上真实地反映了那个时代的“她”力量。她们开始摆脱来自家庭的禁锢，开始尝试开拓独立的社会空间，开始拥有经济上的支配权，“危则相扶，难则相救”。更难能可贵的是，她们在这个只属于自己群体的社会空间中，体会到了平等与关爱，自由与独立，这不也正是当今女性正奋力追求的目标吗！

寡妇阿龙打官司

藏经洞文献内容包罗万象，其中有不少经济类文书，虽然记录的是经济生活，但也反映了唐五代时期敦煌地区社会生活的方方面面。其中有一件民事法律文书敦煌文献P.3257《后晋开运二年寡妇阿龙牒》，记录了五代时期敦煌一个普通老百姓打官司的故事，向我们完整地展示了一个关于古代土地所有权诉讼的案件。

在公元945年农历12月的某一天，这场诉讼案开场了。原告是名叫阿龙的寡妇，她直接呈上一纸诉状给当时的敦煌地方最高长官曹元忠。被告叫索佛奴，是阿龙夫家的族人。阿龙要求索佛奴返还占用了十多年的口分地产22亩，不然她就生活不下去了。诉状交上去没多久，曹元忠就给予了批复，将此案交马步都押衙王文通查核。

王押衙的办事效率着实很高，他很快就查清了事情的来龙去脉。原来，原告阿龙的儿子索义成在11年前由于获罪而被流放，他们家原有的祖传口分地32亩，就交给伯父索怀义佃种，相当于伯父向侄子租种土地。当时的索家在敦煌是个大姓，索氏族人里有个叫索进君的，

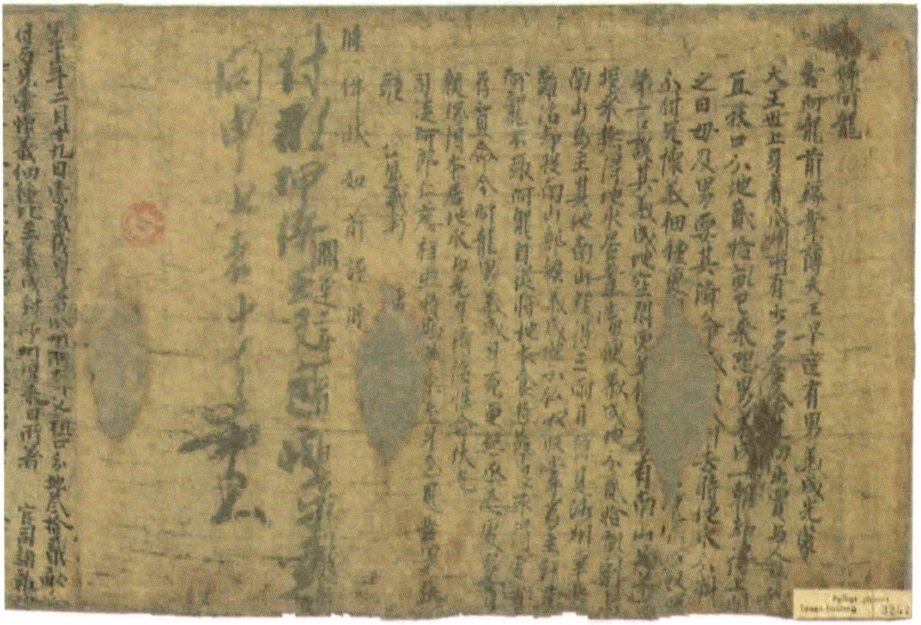

敦煌文献 P.3257 《后晋开运二年寡妇阿龙牒》卷首

从小落户在南山吐谷浑部落。后来索进君回到沙州，因为之前家族分家时没给他预留土地和房子，于是当时的官府就从寡妇阿龙儿子租给伯父的32亩土地中，分出了22亩给从外地回来的索进君。寡妇阿龙很不服气，她想去官府理论把这些地要回来。但她也有顾虑，想到自己是罪犯的家属，也怕被斥责，所以就一直没有把诉状递上去。

但从南山来的索进君并不是个勤快人，他在敦煌住了几个月以后觉得太苦了，于是又回到山里。那22亩分给他的土地又被他的侄子索佛奴拿去耕种。从现在的法律角度看，这其实就是所有权不清的问题。再后来，寡妇阿龙流放的儿子死在瓜州，年迈的她只能与年幼的孙子相依为命，她没有收入来源，平时靠乞讨为生，饥寒交迫。走投无路之下，阿龙只能向归义军官府呈上诉状，要求索佛奴归还那22亩土地。

这就是这件诉讼案的来龙去脉。押衙王文通经过调查取证，将寡妇阿龙的申诉、阿龙儿子与伯父的契约，以及询问索佛奴、阿龙和伯父索怀义的笔录，一同上报给沙州刺史曹元忠。从下令查核这件事，到王押衙上报，再到曹元忠收到笔录亲自下达批示，一共用了多少天？大家一定没想到，前后只用了5天，这件沉积了11年的案子就在曹元忠的亲自批示下解决了！官府分配给索进君的土地不能反悔，但既然索进君已经回到南山，这22亩土地的使用与收益仍然由寡妇阿龙祖孙支配。虽然看起来很简单，但细细品味，这个判决公允而智慧，既尊重了官府先前的决定，又维护了弱者的权益。

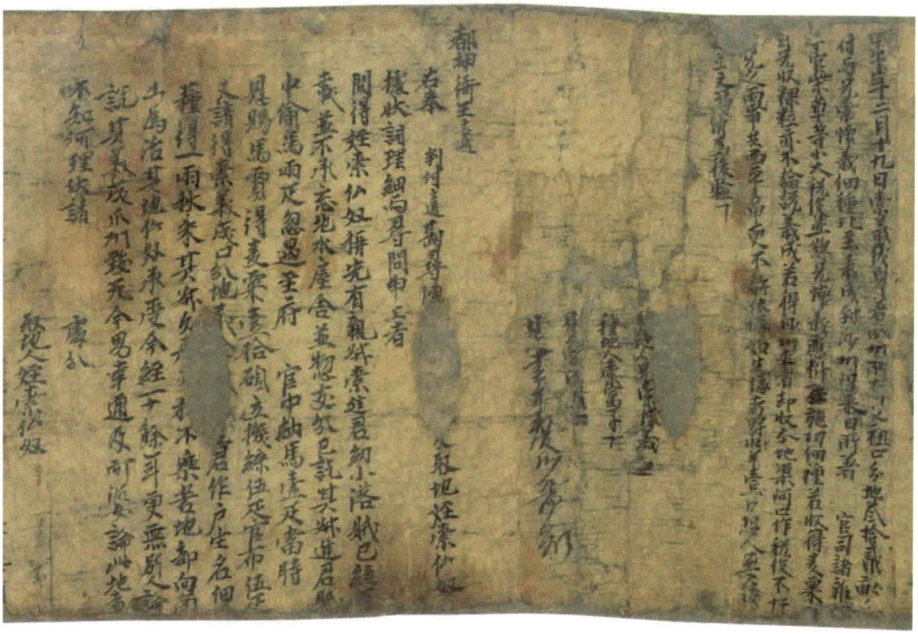

敦煌文献 P.3257 《后晋开运二年寡妇阿龙牒》局部

这份《后晋开运二年敦煌寡妇阿龙牒》由3件文书组成，其中第一件是阿龙的状稿和曹元忠的指示，第二件是关于土地耕种的契约，第三件是案件经办人押衙王文通的问询笔录和曹元忠的最终批示。通过1000多年前的这个案件，我们可以了解到当时的诉讼是免费的，而且从立案、受理到结案，只用了短短5天时间。如此快的办案速度，就是在当代也很难得。这样一个普通的民间土地权属纠纷，经过了提起诉讼、立案受理、调查取证、判决结案四个基本过程，还得到了最高地方长官的高度重视。

从法律专业的视角来看，这个案件中不仅有物证（契约），而且有当事人陈述，每位当事人陈述完毕后都要签字画押，构成了完整的证

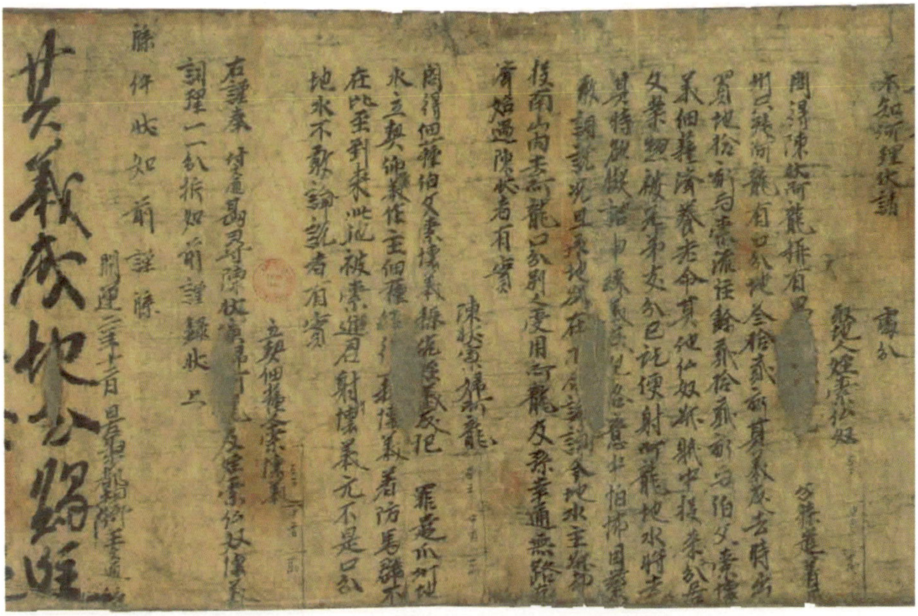

敦煌文献 P.3257 《后晋开运二年寡妇阿龙牒》局部

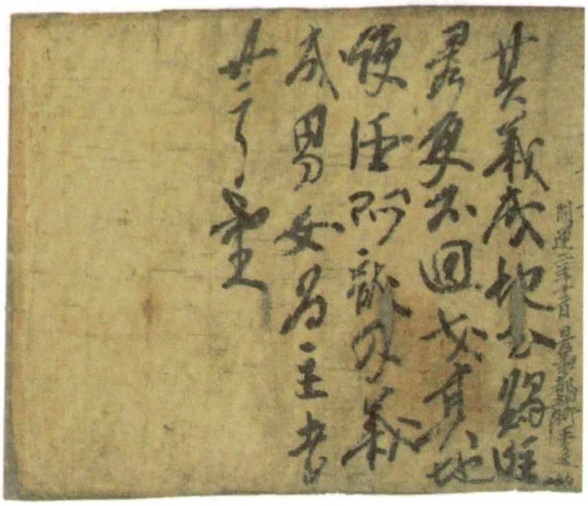

敦煌文献 P.3257
《后晋开运二年寡妇阿龙牒》卷尾

据体系。值得注意的是这个案件的调查取证方式，与现代审理民事案件时的方式有着相似之处，就是主要通过询问当事人调查取证。《后晋开运二年寡妇阿龙牒》在中国法学史上具有重要价值，在我国档案学史上也是独一无二的。随着敦煌藏经洞“沙出壁裂”，被尘封千年的古代各种法律制度，包括土地制度、证据制度、契约效力等也重见天日，为我们进一步全面认识中国传统法律文化提供了生动有力的资料。

唐宋敦煌儿童的课本

敦煌虽然地处西北，但在古代非常重视文化教育事业。大概从西汉设郡以后，敦煌开始设立学校。李暠建立西凉政权、安定国事之后，在敦煌地区积极推行振兴文化教育事业的措施。他设立县学、州学和医学，广招学生500余人，使当时敦煌地区文风大兴。武德七年（624）二月，皇帝下诏“州县及乡皆置学”，唐代敦煌学校从此兴起。唐代敦煌官办学校有州（郡）学、州（郡）医学、县学，民间有义学，吐蕃占领敦煌后寺学兴盛，晚唐至宋还有不少民间私塾。那么，古代的小朋友都学什么？

敦煌藏经洞发现的儿童课本形式多样、数量众多，这些为了让儿童消除蒙昧、开启智慧的古代课本，针对儿童的特殊心理特点进行编写，既简单又蕴涵大量知识和思想内容，远比想象中的丰富有趣，内容涉及儿童字典、自然、数学等，还有进行思想品德教育的图书，以及独特的姓氏书，甚至有专门为女童编写的读物。这些课本，即使让今天的孩子读起来，也会觉得好学好记、有理有趣。这里我们介绍两

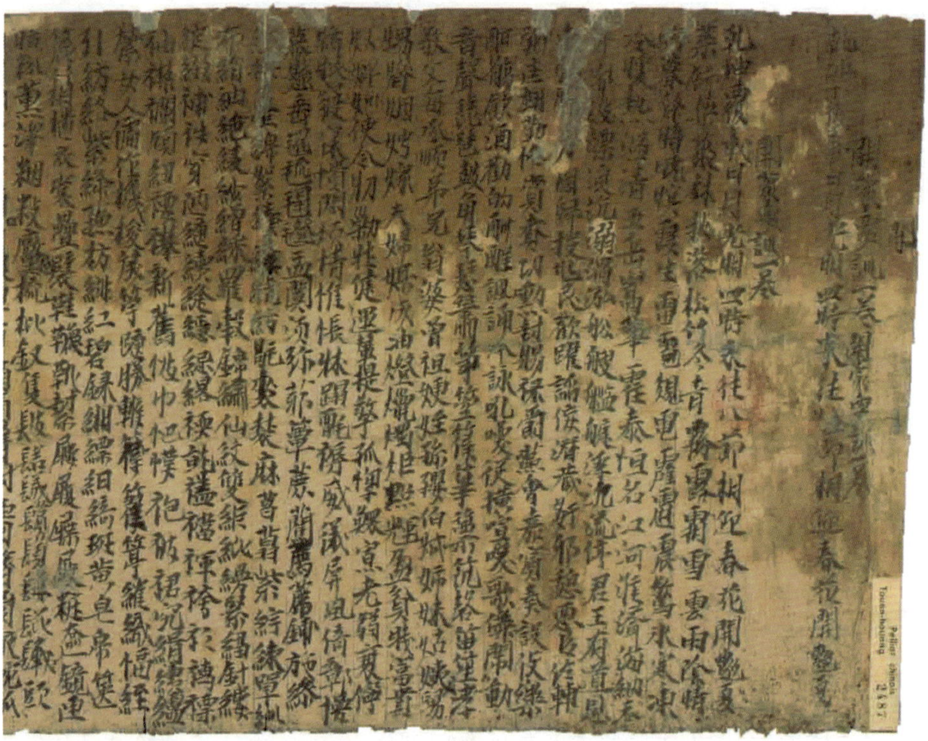

敦煌文献 P.2487 《开蒙要训》卷首

种历史上已失传，而在藏经洞中发现的古代儿童课本。

《开蒙要训》由六朝马仁寿撰写，“开蒙”指开悟启迪童蒙，“要训”指“重要的文字词汇”，说白了就是为小朋友编写的识字书。就像同样作为儿童识字使用的《千字文》一样，《开蒙要训》也全篇采用四字一句、两句一韵的形式，读起来朗朗上口。这本书涵盖的知识内容也极为广泛，涉及天文、地理、岁时、山河、君臣、伦理、婚姻、纺织、生理、珍宝、器皿、饮食、农事、商贾、烹饪、房舍、储备、园艺、昆虫、鱼蛇、鸟兽、禽畜、缉盗、狱审，既教给儿童自然和社会科学知识，又讲授做人、治家和治国的理念。这本书在教儿童认字的同时，也向他们灌输各方面的知识，借以启迪儿童的智慧，确实是一本切合生活实际、符合教育原理的通俗识字类启蒙教材。

《太公家教》作者不详，据推测为一位唐代村塾的老先生。他为了教育儿童，从经史典籍中抽抄嘉言警句编成此书。这本书是我国现存最早的格言谚语类的家训蒙书。作为敦煌古代儿童的德育教材，这本书在唐宋时期被敦煌各类学校普遍采用。此书语句大多摘自《礼记》

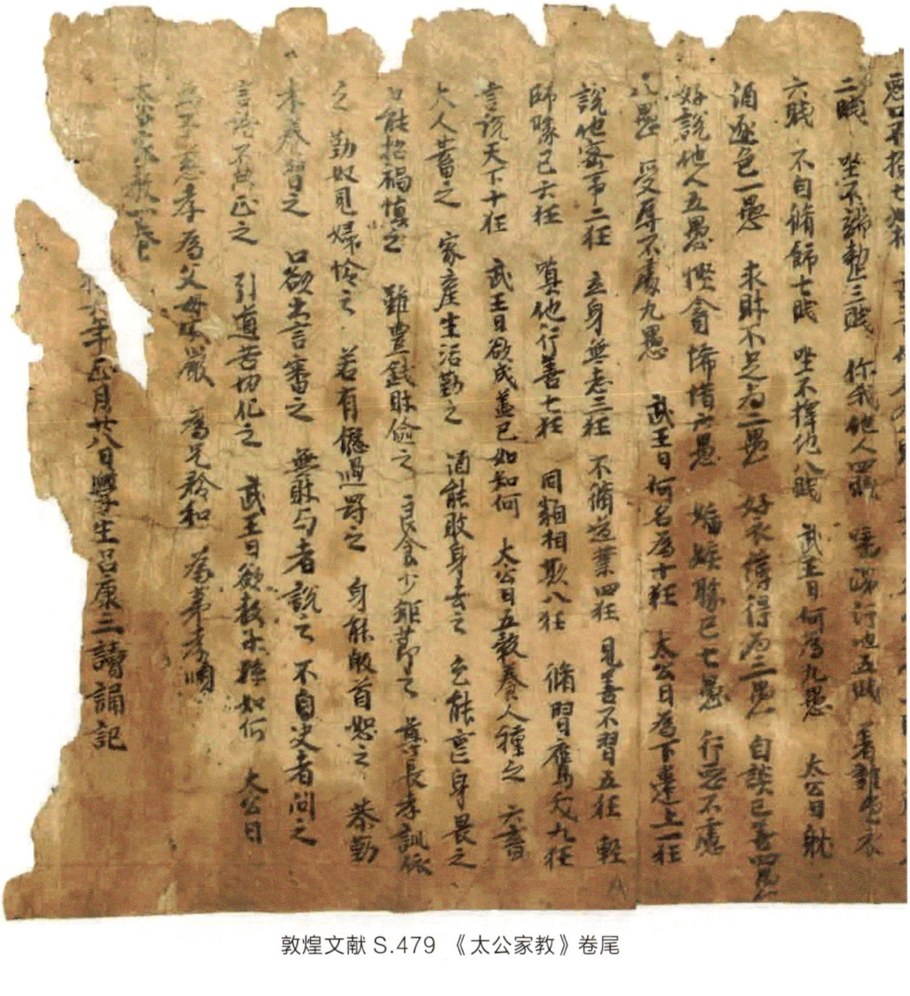

敦煌文献 S.479 《太公家教》卷尾

《孝经》《论语》等，内容包括教人讲礼、孝顺父母、尊敬师长、虚心好学、去恶从善、莫听谗言、礼贤下士等方面。用今天的眼光来看，这本书中的诸多内容虽然与现代社会道德要求不一样，但《太公家教》中的“小而学者，如日出之光；长而学者，如日中之光；老而学者，如日暮之光；老而不学，冥冥如夜行”等具有现代意义的终身学习的观念，鼓励少年们勤奋上进、修养自身，这些教育内容在今天看来也不过时。

即使有这么好的教材，敦煌的学童们也免不了调皮，他们除了完成每日的作业，还写下了不少表达心情的学郎诗。敦煌文献 P.2622《学郎诗》就写道：“竹林清郁郁，百鸟取天飞。今照（朝）是我日，且放学生郎归。”看来，1000年前的小朋友和现在的小朋友一样，都盼着早早放学。

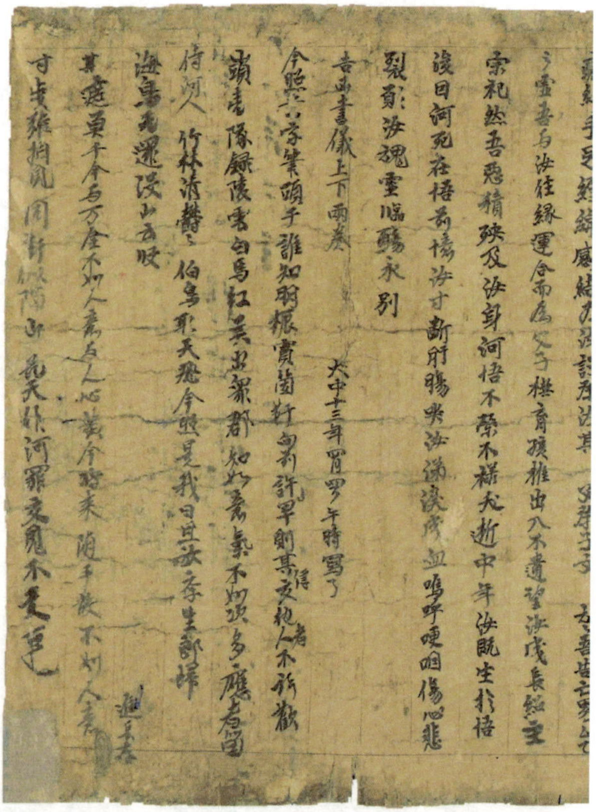

敦煌文献 P.2622 《学郎诗》

古代也有『乘法口诀』

中国人自古以来就重视教育，古代儿童的课业压力一点也不比现在小。古人把孩子在各个年龄段要接受的教育安排得清清楚楚。《礼记·内则》说："子能食食，教以右手。能言，男唯女俞。男鞶革，女鞶丝。六年教之数与方名。七年男女不同席，不共食。八年出入门户及即席饮食，必后长者，始教之让。九年教之数日。十年出就外傅，居宿于外，学书计，衣不帛襦袴，礼帅初，朝夕学幼仪，请肄简谅。十有三年学乐，诵《诗》，舞《勺》，成童舞《象》，学射御。"

古时儿童到了6岁，就要学习识数和辨认方位。在藏经洞出土的敦煌文献中有不少数学书籍和算表，它们被统称为敦煌算书。敦煌算书数量虽少，但内容丰富、水平较高，是中国也是世界上迄今为止最古老的纸质算书。这些算书的内容包括识数、读数、进位制、度量衡制、各种算法、几何公式和各种应用题，能够解决日常生活、行政管理、军事等方方面面的计算问题。这里面就有我们现在还在使用的乘法口诀，当时叫《九九表》，也是当时儿童学习的数学教材。

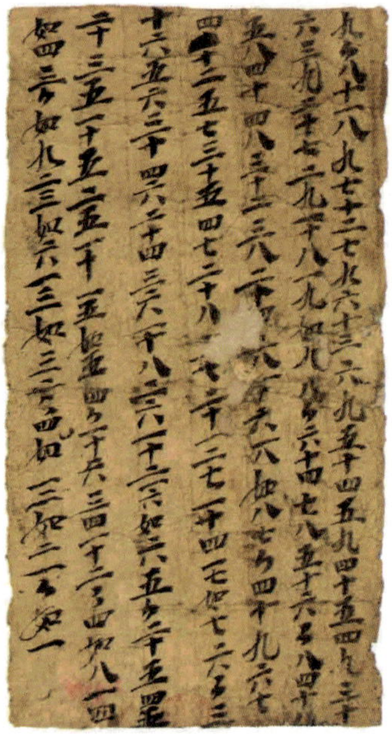
敦煌文献 S.4569 《九九表》

乘法口诀？这不是我们现在小学数学必学且要背得滚瓜烂熟的内容嘛！没错，乘法口诀可不是今天才有的，它的历史相当悠久。远在春秋战国时期，“九九口诀”就已经被人们广泛地应用。为什么把乘法口诀称作“九九表”，这个“九九”是什么意思？古代的九九乘法口诀又称“小九九”，它的排列顺序与现在的正好相反。先秦时期的古九九表共36句，是从“九九八十一”开始，到“二二得四”结束。因为是从“九九”开始，所以被称为“九九表”。大约在公元5—10世纪之间，乘法口诀才扩充到“一一如一”。敦煌文献中的《九九表》就是这种在唐代普遍采用的45句口诀的形式。藏经洞还出土了古藏文的《九九歌》，一共8行，所记口诀从“九九八十一”到“一一如一”，其顺序也与现在的乘法口诀相反，成为10世纪吐蕃人学习汉文化的见证。

敦煌文献中的一些《九九表》除了45句的口诀外，还增加了“自相乘”和“分之”两种数据。例如“九九八十一自相乘得六千五百六十一”（81×81=6561），“九人分之得七百二十九（6561÷9=729）”，然后其他的从“八九七十二”到“一一得一”，也全部有“自相乘”和“分之”的口诀。这样说来，当时学郎要记住完整的《九九表》可比现在小学生背乘法口诀难多了！

写给驴的深情祭文

时代在变，人们饲养宠物的观念也在变。养猫养狗乐趣多，宠物不仅是孩子们的伙伴，也成为更多成年人的感情寄托。一旦爱宠离去，很多主人的悲伤不亚于失去亲人，他们也会用自己独特的方式来表达不舍的情感。藏经洞出土的文献里，有一篇特别的祭文，祭奠的不是亡故的亲友，而是陪伴自己风风雨雨的宠物，它是作者对一头毛驴的深情告别。

敦煌文献 S.1477《祭驴文》首残尾全，尾题“祭驴文一首”。从尾题可知，这篇短文是为祭奠一头毛驴而写的，写作语言通俗滑稽，但又深情动人，堪称唐代俗赋中的奇文佳作。从现存的文字内容来看，作者应该是对贫苦生活有切身体验的落魄书生。

在祭文的第一部分，主人回顾了毛驴跟随自己的坎坷经历：

也曾徒步以空驱，也曾深泥里陷倒，也曾跳沟时扑落。吾忆昔得太行山上，一场差样：天色漭漭荡荡，路遥硗硗峃

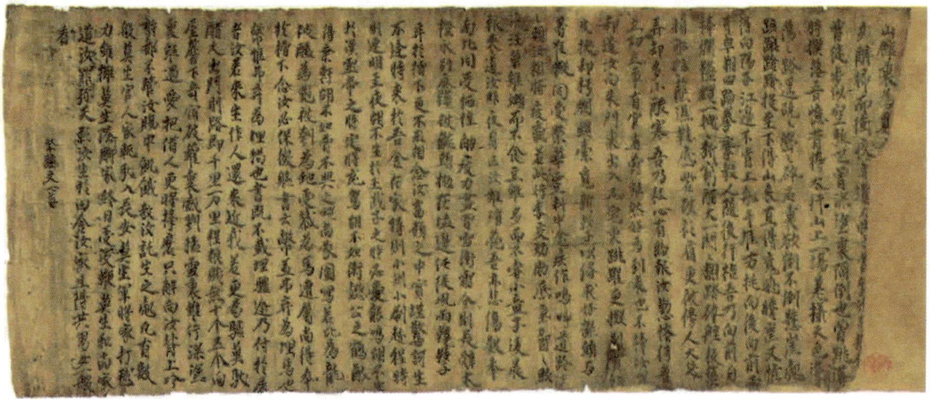

敦煌文献 S.1477 《祭驴文》

峃，碎石里欲倒不倒，悬崖处踉踉跄跄。投至下得山来，直得魂飞胆丧。又忆得向阳（扬）子江边，不肯上船。千推万托，向后向前，两耳卓朔，四蹄拳挛。教人随后行棓，吾乃向前自牵。烂缰绳一拽拽断，穷醋大一闪闪翻。踏碎舭板，筑损船舷，蘸湿鞋底，皆破衫肩。更被傍人大笑，弄却多小酸寒。

作者回忆和“驴友”一起度过的日子，他们曾一起前行，小毛驴曾深陷泥坑，也曾在沟渠跌倒。想起当年在太行山上，道路崎岖，悬崖峭壁，胆战心惊。在扬子江边，小毛驴不肯上船，主人前拉后赶，还拽断了缰绳，弄得人仰驴翻，惹得旁人哈哈大笑。无论是山中，还是江边，一人一驴尝尽人间辛酸。

祭文的第二部分，主人追念毛驴的勤劳，表达忽闻毛驴死讯的悲伤：

……呜呼，道路茫茫，赖汝相将。疲羸若此，行李交妨。肋底气胁胁，眼泪汪汪。草虽嫩而不食，豆虽多而不尝。小童子凌晨报来，道汝昨夜身亡。汝虽殒薨，吾亦悲伤。数季南北，同受恓惶；筋疲力尽，冒雪冲霜。今则长辞木橙，永别麻缰。破韂头抛在墙边，任从风雨；鞔鞍子弃于槽下，更不形相。念汝畜类之中，实堪惊诃。生不逢时，来于吾舍；

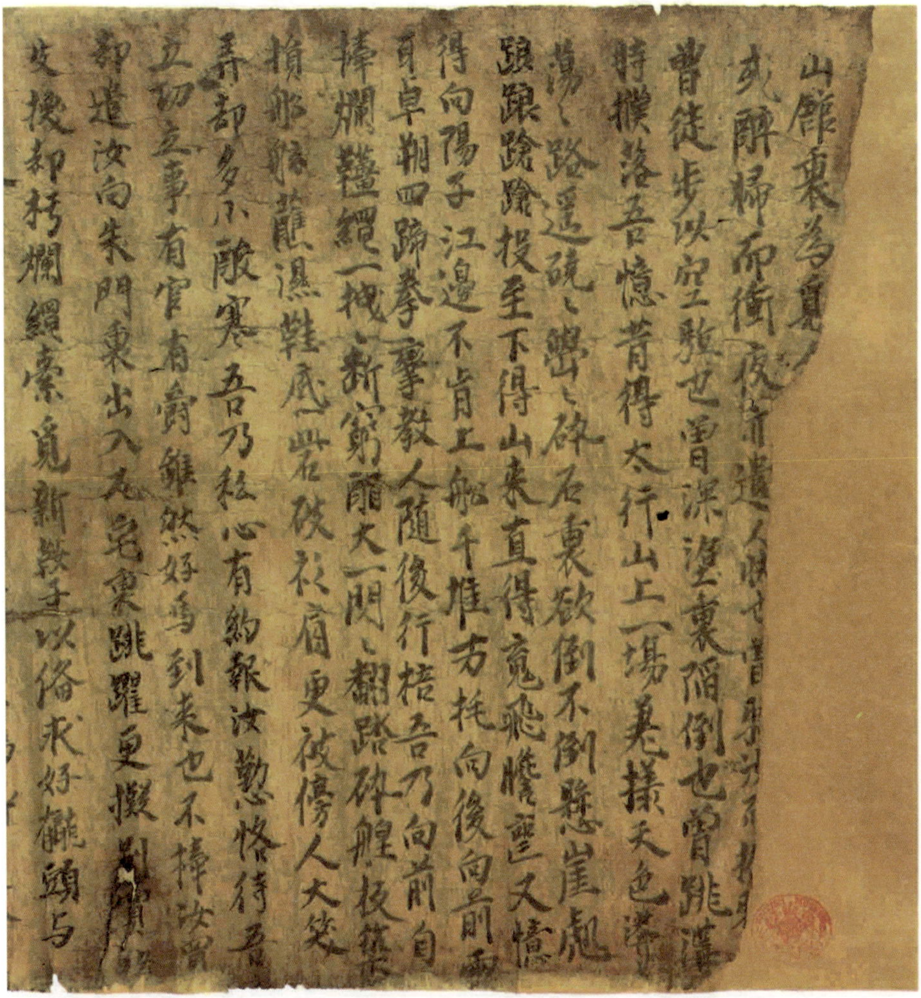

敦煌文献 S.1477《祭驴文》卷首

在家时则小刨小刷，趁程时则连明至夜……

作者本想等自己有朝一日出人头地，好好报答与自己共患难的“驴友”，却没想到忽然听到毛驴的死讯，悲伤得不能自已。回想起毛驴这么多年来和他一起走南闯北，担惊受怕，竭尽全力驮着他走过风雪严寒。作者睹物思驴，“但今天，你和长凳、缰绳永别了，我看到你的破笼头丢在墙边，淋了风雨，破鞍子扔在槽下，难辨形容……”看得出来，这位主人并不得志，那头辛苦的毛驴对他不离不弃，跟着他一路跋涉，却没能等到主人出人头地、一起过上好日子的那一天，早早“过劳死”。

祭文的最后一部分，是作者对亡驴的祝愿：

……莫生官人家，轭驮入长安；莫生军将家，打球力虽摊；莫生陆脚家，终日受皮鞭；莫生和尚家，道汝罪弥天；愿汝生于田舍汝家，且得共男女一般看。

作者难掩深情，他希望这头驴子如果来生能做人，就还来跟着他。要是还做驴的话，千万不能投生到一些地方，因为在那些地方会受很多苦。他希望小毛驴能生在一户寻常的农家，因为主人会把它当成儿女一样看待。

通读整篇祭文，短小精悍，妙语连珠，文笔犀利。此文作者虽不可考，但明显是当时一位失意的文人。有人说，这篇唐代《祭驴文》其实是作者借悼念毛驴，感叹命运对自己的不公，是一篇愤世嫉俗的讽刺小品。可能写这篇祭文的人一生怀才不遇，借驴抒发自己心中的

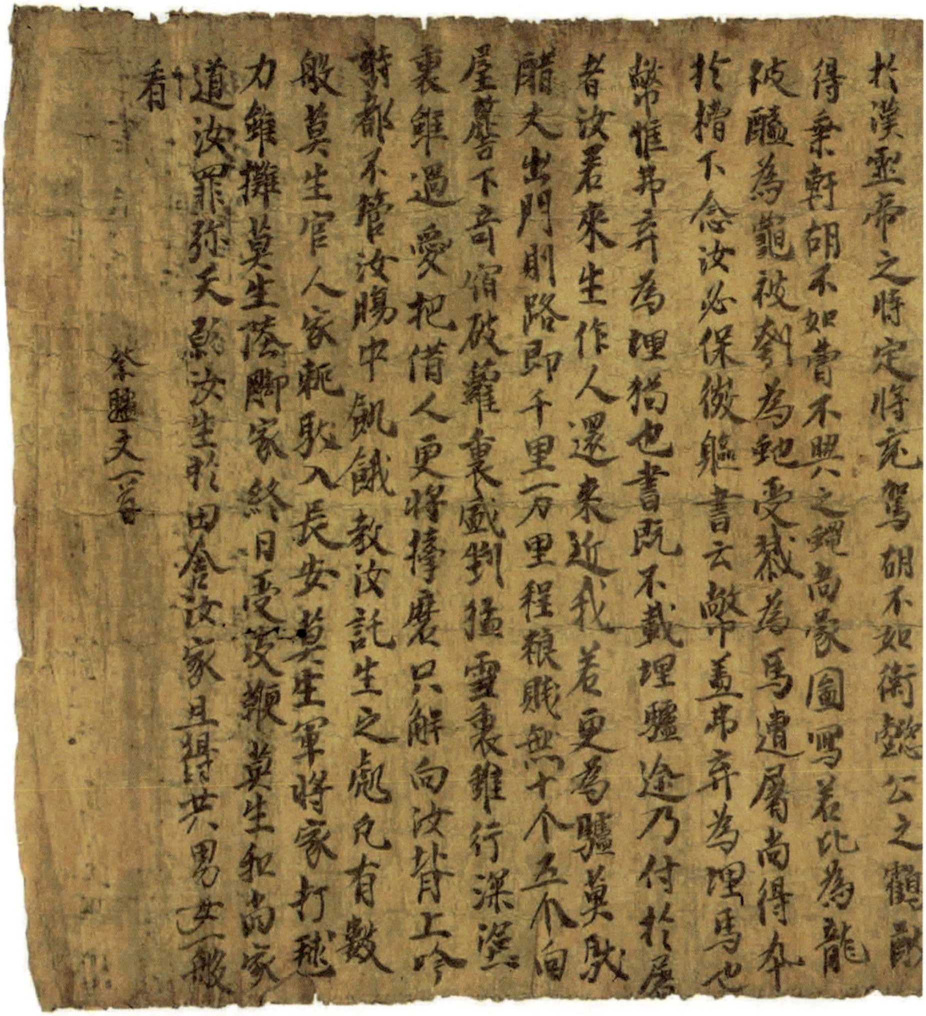

敦煌文献 S.1477 《祭驴文》卷尾

郁闷；也可能他真的是感念毛驴的辛苦付出，不离不弃。不管背后的用意如何，短短文字中的情深义重让人动容。

不过，毛驴可真是古代丝绸之路上的大功臣。因为毛驴购买成本较低，吃苦耐劳，容易饲养，又能负重前行，唐代活跃于丝路沿线的

莫高窟第45窟　胡商遇盗图　盛唐

胡汉商队，大量使用毛驴作为主要的运输工具。虽然商队里也有骆驼，但因为骆驼的购买与饲养成本很高，往往只在商队里充充门面，精明的商人自然选择综合成本更低的毛驴。对于一支大型商队而言，只要保留两三只骆驼即可，其他运输力量全靠毛驴；至于小型商队，或许全部都用毛驴。在敦煌壁画中，我们经常可以看到丝路商队中的众多毛驴。所以，千万不要小看了形象不那么高大英俊的它们，毛驴可是人类最古老的好伙伴、好朋友。

一张『甜蜜』的残卷

吃甜食能让人产生愉悦感，几乎所有的小朋友都喜欢糖果。早在先秦时期，中国已经有了最早的饴糖。饴糖是一种以米（淀粉）和麦芽经过糖化熬煮而成的糖，呈黏稠状，俗称麦芽糖。虽然中国人很早就种植甘蔗，但在印度制糖法传入之前，却只知道通过熬煮甘蔗汁制造粗糖。在唐代以前，中国糖不如印度糖的口感好。那时从印度、伊朗输入的好吃的“西极石蜜”，就是加入牛奶制作的乳糖。唐太宗贞观二十一年（647）专门派出使者到印度去学习制糖技术，唐高宗龙朔元年（661）王玄策奉命去印度请制糖专家来中国。经过唐初的技术和人才引进，中国终于生产出口感超过印度的石蜜和砂糖，这时的糖已经跟我们现在的糖非常接近了。

敦煌文献 P.3303《五印度用甘蔗造砂糖法》是一件记录印度制糖法的文献。它写在一张佛经的背后，书法水平一般，还有错别字，可见书写者文化水平并不高。但可别小看它，就是这张残卷，记录了中国古代制糖史的重要内容。短短的一小段文字，却涉及甘蔗的种类、制砂糖法、糖的种类、制煞割令（石蜜）的方法、甘蔗酿酒、甘蔗栽种等内容。

印度的甘蔗品种很多，有些以产地命名，有些以形状命名。甘蔗传到中国经过长期栽培后，品种也多了起来。并不是所有的甘蔗都能制糖，这件文献说第一类“苗长八尺”的就不适合，第二类是最适合的，第三类也可以。把甘蔗茎拿来，丢掉梢和叶，截成五寸长，放在大木臼中，用牛拽（磨石压榨），挼出汁液，注入瓮中；然后用十五个铛来煮炼，再泻于一个铛中，放上竹筋，稍稍掂匀；冷却后就敲打，若能打断，就算熟了，这就是砂糖。文献中也提到了煞割令，即石蜜的制作方法，熬完煞割令的水竟然还可以造甘蔗酒。

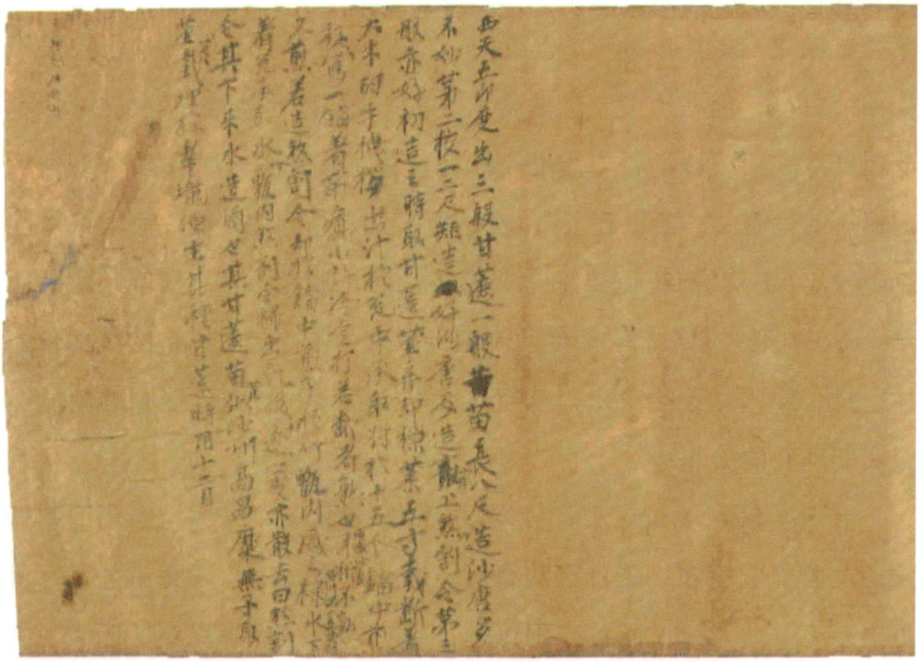

敦煌文献 P.3303 《五印度用甘蔗造砂糖法》

季羡林先生曾说："糖本是一件小东西，然而在它身上却驮着长达1000多年的中印两国文化交流的历史。"《五印度用甘蔗造砂糖法》短短的200字，向我们展现了一段物质文化的交流史。当我们拿起一颗奶糖放入口中的时候，是否会想起为了这一颗小小的糖，中国的古人曾长途跋涉前往印度学习，最后生产出了比"西极石蜜"还好吃的中国糖！

茶与酒的一段相声

茶和酒是两种传统饮品，以茶会友、把酒言欢，古人聚会时总缺不了茶和酒。茶和酒又不会说话，怎么能说相声？一位叫王敷的古人就给茶和酒写了篇小文章，里面的茶和酒不仅能说会道，还展开了一场关于谁更厉害的辩论。这篇小文章叫作《茶酒论》，本来在历史上已经失传，没想到在藏经洞中却发现了多件抄本。

藏经洞出土的敦煌文献《茶酒论》共有6个编号，其中一些署名“乡贡进士王敷撰”。作者王敷，生平、籍贯不详，应是当时的一位文人。《茶酒论》开场白先说神农、轩辕、仓颉和孔子的功德，然后转头向茶和酒发问，“你们两个谁的功勋大呢？今天可要论出个高低”。之后茶和酒就开始争着夸耀自己，一个夸自己是供奉王侯的茗草，一个赞自己是公卿所慕的琼浆。同时，茶和酒还不忘贬低对方，酒反复强调“茶贱酒贵”，而茶一再指责酒令人昏乱，饮酒会造成很多恶果。

茶和酒你一言我一语吵得正欢，却没注意到水在它们旁边。水教育他们，如果没有水，哪来的茶和酒！“茶不得水，作何相貌？酒不

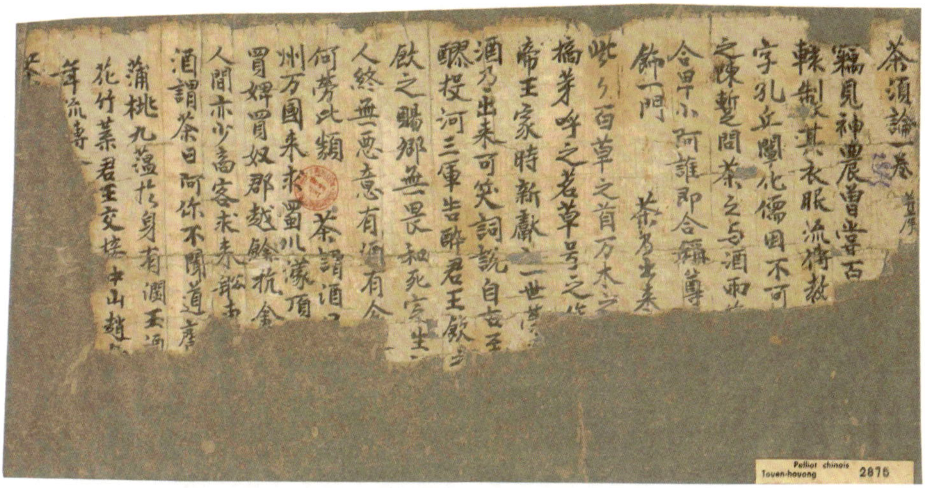

敦煌文献 P.2875 《茶酒论》

得水，作甚形容？”造酒的米曲和泡茶的茶叶，都不能没水干吃，世上的万物都需要水。水说自己都不自夸，你们茶和酒怎么好意思争功！之后水劝说它们俩，要好好相处，酒店和茶坊都生意兴隆。

最有趣的是，作者在最后说，如果有人能读一下这篇小文章，就能永世不害酒颠茶疯。这篇文章似乎是想告诉大家，茶和酒都有优缺点，要适可而止，不要放纵饮用，以免引起不良后果。现在读起《茶酒论》来，脑中会立刻浮现出一个胖墩墩的茶壶和一个高瘦的酒瓶，像动画片中的角色那样长着五官、昂着头、噘着嘴赌气，真是一件极有画面感的文学作品。

一本酒账中的敦煌史

唐天宝十四载（755），安史之乱爆发，吐蕃趁机攻占河西地区，并于贞元二年（786）占领敦煌。大中二年（848），敦煌地方大族领袖张议潮率众起义，驱逐吐蕃，在敦煌建立了以汉人为主的政权。大中五年（851），唐王朝任命张议潮为归义军节度使、十一州观察使，敦煌从此进入归义军时代。唐末张氏最后一任节度使张承奉曾废归义军、建西汉金山国，但很快就被他的部下曹议金取代。曹议金掌权后恢复归义军称号，从此开始了敦煌曹氏归义军的时代。曹议金重新奉中原王朝为正朔，并东结回鹘、西联于阗，使敦煌进入稳定的发展期。藏经洞出土的敦煌文献中还保存了一件曹氏归义军时期的公务用酒账单，这可是真真正正的第一手资料。

敦煌文献《归义军衙府酒破历》常常被简称为《酒账》，里面记录了某年四月初九至十月十六日200多笔用酒支出。《酒账》上拓有“归义军节度使新铸印”，这是曹元忠执政时期归义军的官印。曹元忠是归义军节度使中统治敦煌时间最长的一位，这时也是文化比较昌盛的一个时期。曹元忠积极发展与周边民族的关系，并与中原的后晋、后汉、后周和北宋保持联系，使瓜州地区得以稳定发展。根据对这份《酒账》日期的推算以及与其他敦煌文献的比对，学者推测这件《酒账》记录的可能是北宋乾德二年（964）的情况。

从内容上看，这件酒账的所有项目都是归义军衙府的公费支出，而且立账严格、条目清楚，也反映出当时归义军衙府在用酒的公务支出上有明确的规定，并形成了一整套迎、设、看、供、支的制度。如果是外地使节初来，先设酒接风，称为“迎”；紧接着设宴洗尘，叫作“设”；如果使节住的时间长，还要去问候，谓之“看”；使节临走前得送行，也称作“看”或“设”；使节驻留期间的日常饮酒，名为“供”；除了这种对外接待之外，其他一切公务用酒都是“支”。

这件《酒账》中的容量计量单位与历史上的《律历志》或《礼乐志》的记载不同，这里由瓮、角、斗、升、合组成一整套计量系统。通过这件文献能够计算出这一计量系统的进

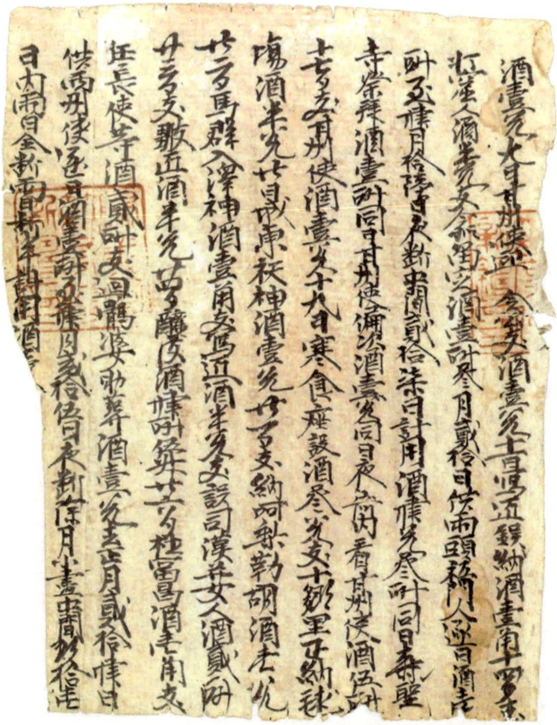

敦煌文献敦研001 《归义军衙府酒破历》

位，其中1瓮等于6斗、1角等于15升、1斗等于10升、1升等于10合。这件《酒账》记载的用酒量很大，现存账本记录不到半年时间用酒达13585.5升。为了保证酒的充足供应，这时有专门受衙门管理的“酒户”。酒户从官家领料酿酒，除按规定上交定量的酒外，剩余部分可以出售盈利。官家也可以直接到酒户取酒，登账上报，批准后报销。

这件《酒账》里有多条接待甘州、西州、伊州、于阗等地使者的记载，说明这时候的敦煌地区仍是连接西北各地的纽带。为了交流方便，归义军衙府还有很多翻译官，如《酒账》中的“修甘州文字孔目官”“案司修西州文字”“修于阗文字孔目官”，说明敦煌当时与周边民族和地区交往频繁，是多种文化的汇集之地。为了迎来送往，归义军专门设置了宴设司、柴场司等政府机关，《酒账》上记录的各种用酒，都要通过柴场司支柴禾、宴设司设宴才能完成。《酒账》中公务用酒名目繁多，除了接待用酒之外，举行祭拜各类神灵的宗教活动也须大量用酒。此外，归义军衙府还要给为其服务的各类工匠支酒，而像打马球娱乐用的“球场酒”等活动用酒也出现在这张账单中。

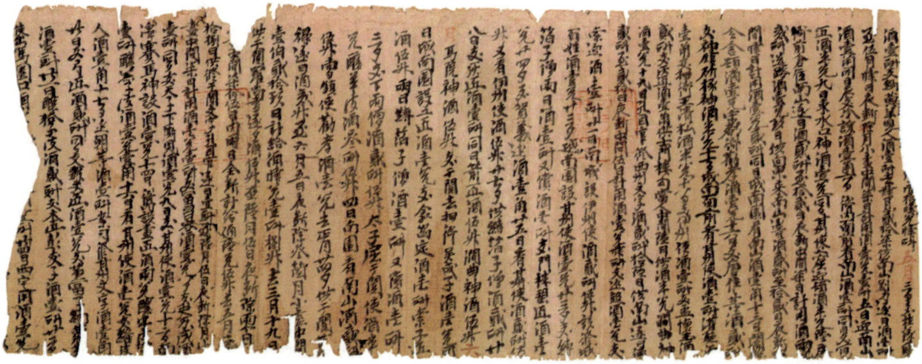

敦煌文献敦研369《归义军衙府酒破历》

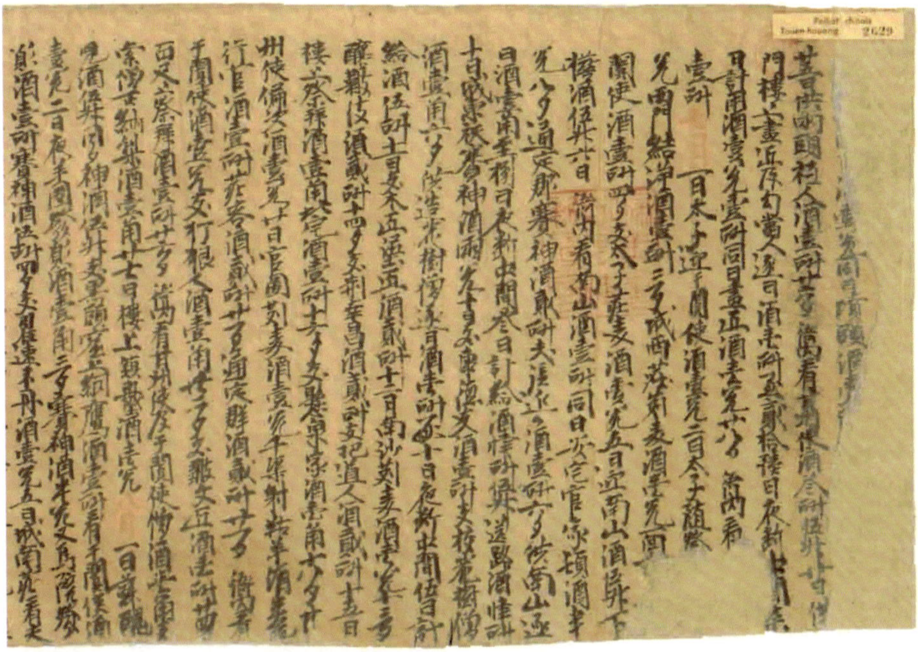

敦煌文献 P.2629 《归义军衙府酒破历》卷首

《归义军衙府酒破历》经历坎坷，在流传的过程中曾经被分为三段，第一段一直保存在敦煌研究院，编号为敦研001；第二段流落到日本，1997年由日本友人青山庆示捐赠给敦煌研究院，现编号为敦研369；第三段收藏于法国国家图书馆，编号为 P.2629。前两段经历了半个世纪的分离后终于拼接到了一起，第三段至今没有回到祖国的怀抱。现在利用数字化技术，终于可以将三段文献的照片拼合到一起，使我们重新看到《归义军衙府酒破历》的原貌。也许有一天，散落在世界各地的藏经洞出土文物，都可以通过这样的数字化手段装进一个数据库，我们可以在一个全球共享的网络平台上看到任意一件敦煌文献。

叫卖广告词之祖

“走过路过，不要错过，本店清仓……”这样的广告词几乎每天都可以听到，而且内容平铺直叙，没有一点文采。在没有电视和手机的古代，叫卖是最主要的推销商品的方式。在敦煌藏经洞出土的敦煌文献 P.3644《学童杂抄》中，意外发现了两首唐代店铺的叫卖口号，而且词句整齐，值得现在的店家好好学习一下。其全文如下：

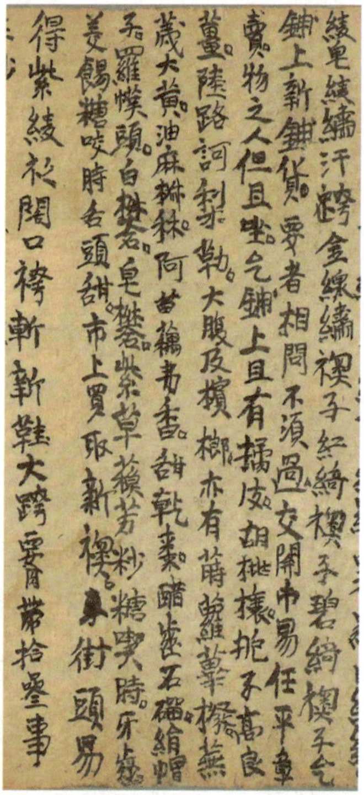

敦煌文献 P.3644

《学童杂抄》之叫卖词

第一首：厶乙铺上新铺货，要者相问不须过。交关市易任平章，卖物之人但且坐。

第二首：厶乙铺上且有：橘皮胡

桃瓤，栀子高良姜，陆路诃梨勒，大腹及槟榔。亦有莳萝荜拨，芜荑大黄，油麻椒蒜，阿苗藕弗香；甜干枣，醋齿石榴；绢帽子，罗幞头；白矾皂矾，紫草苏芳；籸糖吃时牙齿美，饧糖咬时舌头甜；市上买取新袄，街头易得紫绫衫；阔口袴，斩新鞋，大跨腰带拾叁事。

第一首广告词只是说上了新货，想买的人不要错过。第二首信息量可就大了，这家店吃穿货物俱全。这些商品中包括了食品、药材、调味品，以及从头到脚的穿戴。不仅有出自敦煌本地的胡桃、油麻、大蒜、干枣、籸糖和饧糖，还有来自中原的芜荑、大黄、苗藕、弗香、白矾和皂矾，来自江南或岭南的橘皮、栀子、陆路通、高良姜，出自西域的石榴和莳萝，甚至还有来自中亚、南亚的诃梨勒和荜拨，来自南洋的槟榔。可以看出，这家店不仅有本地土产，还有来自内地和西域的物产，更有从波斯、印度、南洋等进口的洋货，说明当时作为丝路要冲的敦煌物资丰富、商业贸易十分发达。

长着小胡子的菩萨

敦煌藏经洞中保存的文物，不仅有6万余件的古代文献，还有大量的8—10世纪的绘画作品。其中，绢画、白描画和版画是主要部分，多是唐五代宋初的作品。绢画，就是在优质的丝绢上作画，绘制完成后还要进行装裱。绢画在唐代非常盛行，那时的画家在绢上绘制彩画，叫作绢本设色。藏经洞内积压封存的绢画，因为不见阳光，色彩跟壁画一样鲜艳。藏经洞出土的敦煌绢画大约有500多幅，制作时间前后延续200多年，多数为晚唐五代宋初瓜沙地区画院的作品。绢画的内容极为丰富，与壁画一样有佛传故事、说法图和各种经变，也有壁画里较为少见的《引路菩萨图》。

当你看到这幅画最直观的感受是什么？静谧？虚幻？是的，整个画面情节通过云气连接，几朵飘零的花朵点缀其间，让观看者感受到一种神秘且祥和的氛围；一前一后两身人物紧紧相随，形象端庄肃穆。这就是敦煌绢画 Ch.lvii.002《引路菩萨图》，它绘制于唐代，现藏于大英博物馆。在敦煌绢画中，“引路菩萨”是一个非常重要的题材，主

敦煌绢画 Ch.lvii.002 《引路菩萨图》

敦煌绢画 Ch.lvii.002 《引路菩萨图》之唐代贵妇

要表现人去世之后，由菩萨引导前往净土。敦煌绢画中有多件引路菩萨图，创作时间大致为晚唐五代宋初。这幅《引路菩萨图》是敦煌绢画中这一题材的代表作品，它高80.5厘米、宽53.8厘米，画面的右上角尚存“引路菩”三字题记，据推测应是9世纪末的作品。

唐高僧道宣律师曾说：“造像梵相，宋齐间皆唇厚鼻隆目长颐丰，挺然丈夫相。自唐来笔工皆端严柔弱似妓女之貌，故今人夸宫娃如菩萨也。”也就是说，南北朝时期的佛菩萨本来都是充满阳刚之气的男子汉形象，而到了唐代，菩萨形象越来越女性化，竟然柔弱得像宫女一样。这幅绢画中的引路菩萨面相丰满，头戴花蔓冠，颈饰璎珞，身着天衣，腰系长裙，左手持招魂幡，右手执长柄香炉，左脚踩覆莲，右脚踩仰莲。有意思的是，如此温柔美丽、身姿婀娜的菩萨，唇上和下巴却绘有蝌蚪形的小胡子，仿佛要强调他仍是一位男子，只是为了能让众生亲近才化作女子的形貌。

菩萨身形占据了整个画面的一半，他身后是顺从跟随的一位唐代贵妇，贵妇比起菩萨来身形特别娇小。画家采用写实的手法描绘这位妇人，她身穿红色大袖襦服，梳着唐代妇女的典型发式，头上簪有金钿、花钗。人物体形丰满，蛾眉樱唇，垂眼下视，神情安详，正一心跟随菩萨前往净土，画面左上角的净土用简单的云中建筑来表现。虽然《引路菩萨图》描绘的是关于死亡的题材，但从绢画里却丝毫感受不到悲伤和阴暗。画面给人以一派宁静祥和之感，寄托了亲人们盼望死者最终往生净土的美好心愿。

带着老虎的行脚僧

老虎是自然界中最凶猛的食肉动物之一，素有“百兽之王”的称号。俗话说“老虎的屁股摸不得”，能驯养老虎的恐怕只有马戏团的驯兽师。偏偏在中国古代，也有一位能把老虎当成宠物领着走的人，他被画入了藏经洞出土的敦煌绘画作品当中，这类画作被称为“伴虎行脚僧图”。敦煌的行脚僧图一共有20幅，包括敦煌壁画中的8幅，藏经洞出土的12幅纸画和绢画，画面多数为僧人携虎而行。

这些画作的主人公都是一位背包客，他背着装满佛经的笈。“笈”是一种书箱，多用竹、藤编织，用以放置书籍、衣巾、药物等，所以古时到外地去被称为“负笈远游”。这位背包客多为僧人模样，他手执木杖向前行走，身边一只老虎跟随。主人公头顶上方云端中有坐佛像，佛像旁的榜题写着“宝胜如来”。虽然画的内容一样，但现存的这些画作的艺术水平相差很远，有的画得极为细腻精妙，有的却随意得像漫画一样。

敦煌绢画 EO.1138是其中最精美的一幅。这件创作于9世纪的唐代

敦煌绢画 EO.1138 《伴虎行脚僧图》

绢画，现存法国吉美博物馆。僧人身着交领法衣，领口露出白色的内衣。他左手执木杖、右手提数珠，腰间挂锥子、小刀、熏炉等物，裸足穿凉鞋。他背着一个满载经卷、像背篓一样的巨大竹笈，前方悬着一金色香囊，竹笈的后方有一根木头挂着拂尘、幡和净瓶等物。僧人上方的云端，有一尊坐在莲台上的小佛像，此即“宝胜如来”。僧人的右侧，有一只乖顺的老虎随行，路边的小鸟也驻足观看。这幅绢画设色淡雅、精细入微，僧衣及竹笈上以金泥彩描。画家出色地塑造出一位求法之路上的僧人形象，他身负重物，却眼神坚定，一人一虎执着前行。

敦煌纸画 P.3075《伴虎行脚僧图》

藏经洞的伴虎行脚僧图也有画得很随意的，像敦煌纸画P.3075就单纯白描，没有敷彩，僧人面部突出大鼻子特征，手里的木杖也由一根粗墨线象征性地代替。这种看起来充满漫画风的作品，有可能是伴虎行脚僧图的画稿。

我们不禁要问，这位敢带老虎出行的高僧到底是谁？中国最著名的行脚僧莫过于大名鼎鼎的唐僧玄奘。玄奘法师，这位出生在1400年前的柔弱僧人，于唐贞观三年（629）启程赴天竺取经，途经十几个国家，跋涉10万余里，历时16年终于返回长安。在充满艰险的西行求法之旅中，他所展示出的坚强意志、不屈人格和精深知识，让千千万万的后人由衷钦佩与赞叹。

也许是受玄奘事迹的影响，当时一批著名画家为了表现西行求法的事迹，创作了行脚僧图，并成为那时的“网红”题材。在唐玄宗开元（713）至德宗建中（780）年间，不少著名画家都绘制过行脚僧图。据画史记载，绘制过行脚僧图的有韩干、陆耀、吴道子、周昉等知名画家。很可惜，这些图都没能保存下来，所以我们也无从看到这些行脚僧图的本来面目。

问题是玄奘没有与虎为伴的经历，这个敢带着老虎溜达的可能另有其人。唐代有一位李通玄居士，开元二十七年（739）曾负笈到太原盂县同颖乡修行。有一次李居士在路上忽然碰到一头老虎，就地将虎驯服。他对老虎说自己要去写《华严经论》，让老虎给他找个适合的地方。李居士用手轻轻摸了摸老虎，把自己的行囊放到虎背上，由老虎领着来到30里外神福山的一座土龛。唐代就有描绘李通玄的《李长者真容图》存在，到五代宋时，中原地区仍流行李通玄像和他的事迹。那么伴虎行脚僧图所绘的携虎之人也可能是以李通玄为原型的。

不管伴虎行脚僧图里的人物到底是谁，我们都可以在画中看到一个背负重担、努力前行的身影。也许有一天，我们也会像画中的行脚僧一样，背着行李开启一场对未知世界的探索。

一幅关于亲情的经变画

在我们很小的时候，总是希望能有父母的陪伴。即使他们什么都不做，只要在一旁看着就好。小时候，我们常常拉扯着妈妈的衣角，对她说“妈妈陪陪我”。慢慢地，我们有了自己的世界，常常觉得父母并不理解自己，这时对他们说的话也变成了“别管我”。但每次受到伤害时，第一个想起的还是爸爸妈妈和温暖的家。父母给了我们生命，也给了我们最多的爱。中国自古以来就讲究孝道，孝顺父母在中国传统观念中占据着非常重要的地位。无论是帝王将相，还是寻常人家，都将敬老尽孝作为自己的行为准则。

佛教本来主张远离家庭、出家修行，这与中国传统的孝道观念相违背。佛教传入中国后，就曾被指责沙门不事父母。为了更好地传播，佛教不得不进行中国本土化的调整，适应中国本土的伦理观念。于是，中国的佛教也出现了主张孝养父母的内容，还专门编撰了一本宣传孝道的《父母恩重经》。藏经洞保存了40多件此经写卷，经文中充满了中国传统的孝道思想，还引用了一些著名的孝子故事。这部经主要讲父

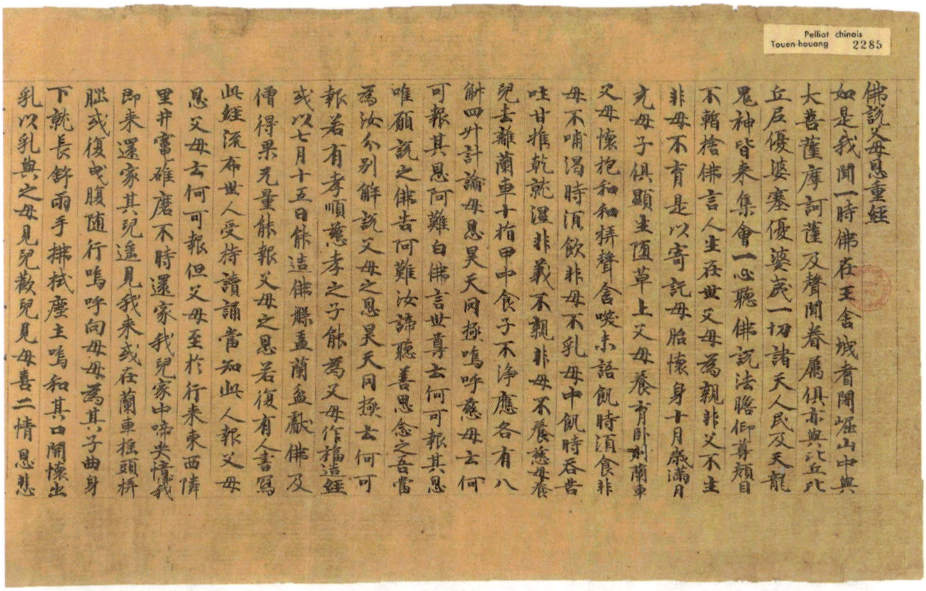

佛說父母恩重經
如是我聞一時佛在王舍城耆闍崛山中與
大菩薩摩訶薩及聲聞眷屬俱亦與比丘比
丘尼優婆塞優婆夷一切諸天人民及天龍
鬼神皆來集會一心聽佛說法瞻仰尊顏目
不暫捨佛言人生在世父母爲親非父不生
非母不育是以寄託母胎懷身十月歲滿月
充母子俱顯生墮草上父母養育臥則蘭車
父母懷抱和和弄聲含笑未語飢時須食非
母不哺渴時須飲非母不乳母中飢時吞苦
吐甘推乾就濕非義不親非母不養慈母養
兒去離蘭車十指甲中食子不淨應各有八
斛四斗計論母恩昊天罔極嗚呼慈母云何
可報其恩阿難白佛言世尊云何可報其恩
唯願說之佛告阿難汝諦聽善思念之吾當
爲汝分別解說父母之恩昊天罔極云何可
報若有孝順慈孝之子能爲父母作福造經
或以七月十五日能造佛槃盂蘭盆獻佛及
僧得果無量能報父母之恩若復有人書寫
此經流布世人受持讀誦當知此人報父母
恩父母云何可報但父母至於行來東西隣
里井竈碓磨不時還家我兒家中啼哭憶我
即來還家其兒遙見我來或在蘭車搖頭弄
腦或復曳腹隨行嗚呼向母母爲其子曲身
下就長舒兩手拂拭塵土嗚和其口開懷出
乳以乳與之母見兒歡兒見母喜二情恩悲

敦煌文献 P.2285 《父母恩重经》

母养育儿女的种种辛劳和子女不孝顺父母的种种行为，教育人们要孝顺父母。

《父母恩重经》还有另外一种版本，被称为《十恩德赞》，应为唐人曲词，包括怀胎守护恩、临产受苦恩、生子忘忧恩、咽苦吐甘恩、

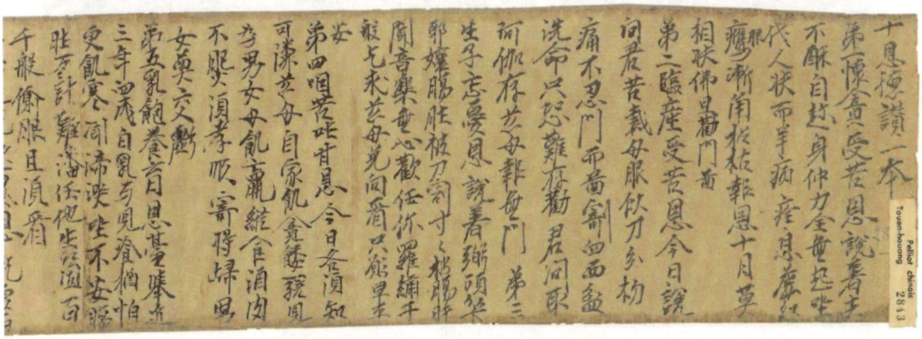

敦煌文献 P.2843 《十恩德赞》卷首

敦煌绢画甘博11606 《报父母恩重经变》

回干就湿恩、哺乳养育恩、洗濯不净恩、为造恶业恩、远行忆念恩、究竟怜悯恩共10种母亲对子女的恩德。每一种恩都概括得十分形象，像“回干就湿恩”指婴儿尿床后，母亲把他移到干爽的地方，自己去睡被他尿湿的地方；“究竟怜悯恩”指不管子女做了多少错事，都能得到母亲的原谅。

藏经洞出土的敦煌绢画中，有一件大幅的《报父母恩重经变》。经变，指那些根据某一部经绘制的表现经文主要内容的大型绘画作品。这幅敦煌绢画收藏于甘肃省博物馆，高182厘米，宽127厘米，根据画上题记可以确定它绘于北宋淳化二年（991）。这幅绢画的中心绘有佛讲经说法的法会，法会两侧和下方是父母养育子女、子女日渐成长的情节。这种描绘父母与子女的小画面共15幅，每幅画上都有墨书榜题写明画面对应的经文内容。这些小画面也是这幅绢画最精彩的部分，详细描绘了从母亲十月怀胎到孩子长大成人，其间父母养育孩子的全部过程，通过生动的形象倡导众人牢记父母养育之恩、恪守孝道。

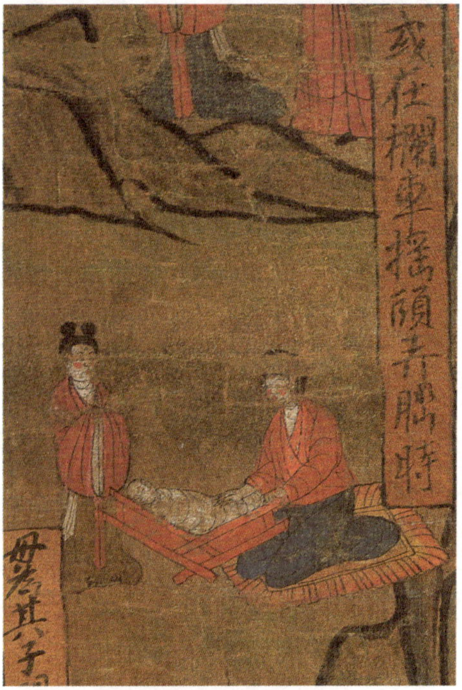

敦煌绢画甘博11606

《报父母恩重经变》之逗弄婴儿

画中有母亲为新生儿洗浴；母亲席地而坐于双树下解襟为儿哺乳；母亲逗弄婴儿车里的婴

敦煌绢画甘博11606
《报父母恩重经变》之骑肩随行

儿；孩子骑在母亲脖颈上一家人一起出行；父母并肩漫步于林间小路，小孩牵着妈妈的手；孩子渐渐成长，父母目送成人后的孩子离去；接下来的时光里，一对老年男女结伴出行，相依为命……每一幅场景，陌生又熟悉。虽然只是观者，但在欣赏这幅古老画作的同时，我们何尝不也是画中人，也为自己所拥有的温淳亲情而感动、感激、感恩。

这个时代，我们该如何报答父母的养育之恩？我想，了解父母、理解父母，站在父母的角度感同身受，努力去读懂他们的所思所想；尊重他们为我们所做的一切，尽可能多抽出一点时间来陪伴他们。同时，我们也要尽力照顾好自己，让父母少一些担忧。一个懂得回报父母的人，才能算是一个完整的人，这也是千年前古人传递给我们的理念。

画中神奇的五台山

五台山，属太行山脉的一支，位于今山西省东北部的五台、繁峙等县。西晋时期五台山被传为“仙者之都”，北齐时期五台山佛教兴盛，唐代这里被正式确定为文殊菩萨的道场。五台山信仰在唐代的中原达到高峰，同时也传到了远在河西的敦煌，在敦煌文献和敦煌石窟中保存了大量的五台山资料。除了敦煌文献中的各种五台山曲子、五台山赞和僧人巡礼五台山的行记之外，藏经洞中还出土了一件关于五台山的绢画。

敦煌绢画 EO.3588《五台山文殊化现图》是一幅描绘文殊菩萨显现于五台山的画面。画面中心为文殊菩萨，文殊菩萨在佛教中主管智慧，他的坐骑是一头青毛狮子，身边有四位菩萨围绕。牵狮子的人是武士装束的于阗王，狮子前面的是特别好学的善财童子。这些人物的背景就是郁郁葱葱的五台山，最上方的天空中显现出呈扇形放射状的五色光、变成彩虹的化金桥、拉长了的通身光和圆光中的佛头，这些是表现五台山上经常出现的神异景象。画中还书写榜

敦煌绢画 EO.3588 《五台山文殊化现图》

题标示出当时五台山的各处胜迹，其中包括竹林寺、金阁寺、金刚窟、真容院等。

画面的下方有一处比丘与黑帽白衣老者对话的情节，这是描绘僧人佛陀波利在五台山碰见文殊老人的故事。文殊虽然最初是印度的菩萨，但从唐代开始文殊菩萨在中国五台山的说法非常流行，引起了社会上朝拜巡礼五台山的热潮。连北印度僧人佛陀波利都相信了这一说法，专程前来参拜五台山，希望亲眼见到文殊菩萨。在拜山的过程中，

敦煌绢画 EO.3588 《五台山文殊化现图》之佛陀波利见文殊老人

佛陀波利碰见一位白衣老人。老人问佛陀波利是否带来《佛顶尊胜陀罗尼经》，佛陀波利说没有带。老人说中土众生多造恶业，只有这部经能够解救大家，佛陀波利不带这部经来，就算见到文殊也认不出来。佛陀波利向老人行礼，这时老人忽然不见，佛陀波利这才知道老人就是文殊菩萨变的。于是他回到印度，取上了《佛顶尊胜陀罗尼经》，再次来到中国。《佛顶尊胜陀罗尼经》传入中国后，前后几经翻译，其中最有影响的就是佛陀波利的译本。

敦煌的五台山图，最早出现在中唐时期，在洞窟中被绘成小幅的屏风画形式，后来出现了跟这幅绢画一样的以五台山作为背景的

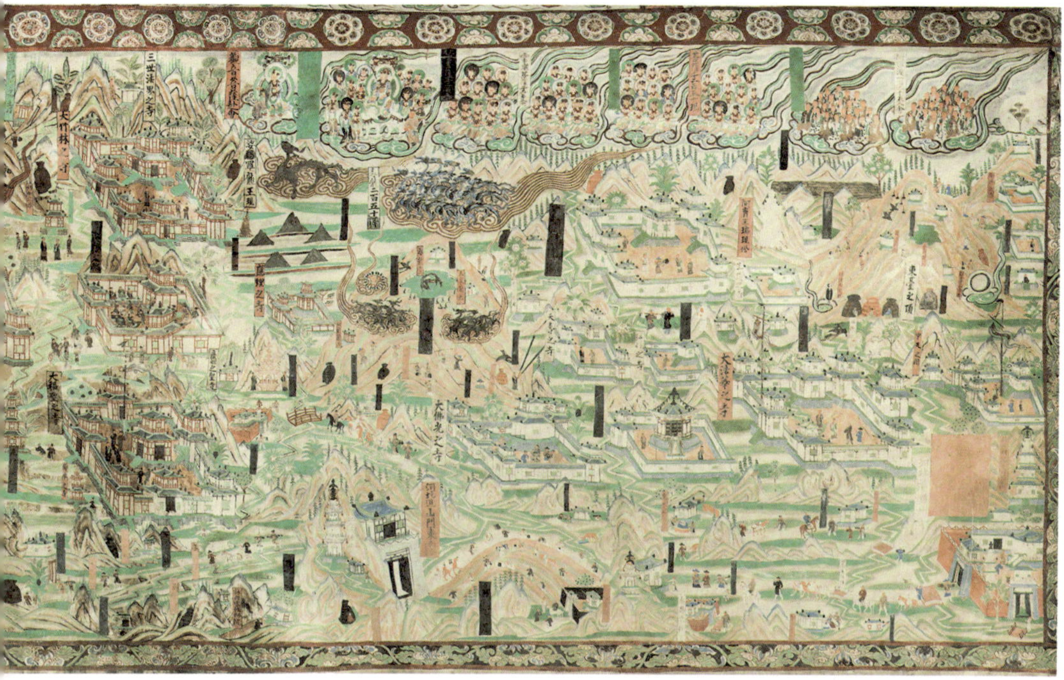

莫高窟第61窟　五台山图　五代

文殊变，但都属于敦煌壁画。五代时期，莫高窟第61窟曾出现过独立的大型五台山图。作为绢画形式保存的，这幅《五台山文殊化现图》是藏经洞出土的唯一一幅。现在的五台山，是与普陀山、峨眉山、九华山并称的四大佛教名山之一。在这四座名山之中，五台山成名最早，也只有五台山在历史上以绘画的形式多次出现，成为重要的佛教美术题材。

千年前的『看图说话』

如果说哪部电视剧重播的次数最多，那恐怕要数86版的《西游记》了。孙悟空从菩提老祖那儿学到了本领，天上的一众神仙都奈何不了他。《西游记》原著是有名的神魔小说，里面充满了孙悟空与神妖斗法的情节。早在《西游记》成书的600多年前，敦煌的文学作品《降魔变文》中已有类似的故事，只不过主人公是佛弟子舍利弗。因为不是所有的人都能看懂佛经，所以需要对佛经进行改写，改写成的通俗且适于讲唱的文学作品称为变文。《降魔变文》改编自《贤愚经·须达起精舍品》，主要讲述建造祇园精舍的曲折故事，重点讲以智慧第一著称的佛弟子舍利弗与六师外道（与佛教不同的其他六派宗教）的代表劳度叉多次神变斗法的故事。

藏经洞出土了多件《降魔变文》，其中敦煌文献 P.4524讲唱手卷最有价值。本件文献正面绘有5组图像，从右到左依次绘出不同的斗法情节，横卷的背面存有5段文字，内容与正面画面中的情节一一对应。这件文献的名字虽是“变文”，但却是典型的看图说话的绘本形式。仔

敦煌文献 P.4524 《降魔变文》之力士击山

细观看这幅画卷，会发现背后的文字并不是连成一片抄写的，而是每隔一定距离抄写一段，每段文字与正面画面中的故事情节对应。徐徐打开卷轴，当第一个故事画面完全露出后，背面相应的说明文字也正好显露出来，这样就可以对照文字来讲解画面。

敦煌文献 P.4524背面 《降魔变文》之力士击山

“斗法”的起因，其实很偶然。印度舍卫国有一位大臣名叫须达，家资万贯，喜好施舍，人们都尊称他为“给孤独长者”。他听说王舍城的大臣护弥有一个容貌美丽的女儿，就备办了彩礼，赶去为自己的小儿子求婚。没想到因为护弥一家信佛，须达意外地见到了佛祖释迦牟尼，聆听了佛法，如饮甘霖，茅塞顿开。之后，须达恭敬地邀请释迦牟尼光临舍卫城为那里的人说法。释迦牟尼说：“舍卫城没有适合僧侣居住的精舍。”于是须达决定为佛祖在舍卫城建一所精舍，释迦牟尼答应了须达的请求，还派遣他的弟子舍利弗随须达一同前去。

须达与舍利弗回到舍卫城，用黄金铺地的代价买下了祇陀太子的花园，准备为佛祖建造精舍。外道师父们听说此事后非常气愤，打算尽全力阻止佛祖来这里说法。他们向国王请求派劳度叉为代表与佛教徒斗法，如果佛教徒输了就不能在这里建精舍。国王同意了，这场随之而来的斗法，也就成为佛教能否在舍卫国传播的关键。第二天，国王亲临观看。外道教徒派出劳度叉高坐宝座，舍利弗安然应战，激烈的较量开始了。

文献现存第一节表现的是“力士击山”的斗法场面。劳度叉变幻出一座高峻的宝山，舍利弗变出一位金刚力士，左手持杵高举过头顶，面部因用力而变得扭曲，左脚在前右脚在后，双脚踩在莲花上。在他面前的这座山，一半的山体已经碎裂一地。画家对于细节的描绘非常细腻，用线条勾描的力士，身上缠绕的飘带弯曲，展现了力士击山的力道强大；裙子部分的晕染，体现出力士身体肌肉的凹凸有力。

第二节是“狮子啖牛”。这次劳度叉变成一头水牛，舍利弗则变成雄狮，咬死了水牛。画面的描绘非常生动，只见一头雄狮怒目圆睁，前半身立起扑在一头牛身上，后爪着地，左前爪紧紧揪住牛后背的皮

敦煌文献 P.4524 《降魔变文》之狮子啖牛

毛，张开大口撕咬住牛背上的一块肌肉，牙齿的一部分已经深深嵌入牛背。而相对于狮子的强健凶猛，牛则显得软弱无力，耷拉的脑袋、下视的双眼和下垂的尾巴暴露了它的无助。牛前方的血迹，也给人一种触目惊心的视觉冲击。

在第三节“象踏宝池”，劳度叉变出一座宝池，舍利弗则变出一头大象，用长鼻子吸干了池水。第四节“金翅鸟斗毒龙”，劳度叉变出一条巨大的毒龙，舍利弗则变出华丽的金翅鸟，金翅鸟凶猛地啄死了毒

敦煌文献 P.4524 《降魔变文》之象踏宝池

敦煌文献 P.4524 《降魔变文》之金翅鸟斗毒龙

敦煌文献 P.4524 《降魔变文》之毗沙门天王降恶鬼

龙。第五节“毗沙门天王降恶鬼”，劳度叉变幻出夜叉鬼，舍利弗变出了毗沙门天王。画面中天王头顶华盖，右手握长枪，左手托塔，背后两条月牙形的装饰物形成一道头光，威风凛凛。他身前是两身相貌丑陋、头发散乱的赤脚恶鬼在躬身作揖求饶。很显然，这一局劳度叉又毫无悬念地败下阵来。

斗法的结局自然是劳度叉接连惨败，外道们无计可施，只得甘拜下风，纷纷剃度皈依了佛教。不久，祇园精舍建成，大臣须达不仅迎来了佛祖释迦牟尼，也给自己的小儿子完了婚。这幅画卷描绘了佛和

“外道”之间5个回合的变化争斗，精彩壮观。总之是“道”高一尺，佛高一丈，最终佛法战胜了外道。

9—10世纪敦煌地区讲唱文艺流行，“于是张翠幕，列画图，扣洪钟，奏清梵”。通常只需要一位或两位故事讲述人，边吟唱韵文或者讲解故事，边展示画卷，这种文本与图画紧密结合的画卷被大量使用。这件文献是沿袭以往传统绘画方式而创作出的新作品，也是目前发现的唯一的可能是作为《降魔变文》讲唱用的手卷，它以实物形式证实了讲唱文学中观图听讲这一事实。

敦煌壁画也绘有这个斗法故事，这一题材的经变画叫《劳度叉斗圣变》。敦煌壁画共绘有19铺《劳度叉斗圣变》，莫高窟、榆林窟、西千佛洞和五个庙石窟均有绘制。除了北周和初唐各一铺之外，其他出现于晚唐五代宋初。从晚唐开始，这一题材的经变画画幅超大，往往占据大型洞窟的一个壁面，大者面积甚至达到40平方米左右。这个题材的经变和变文对我国古典神魔小说产生过巨大的影响，如《西游记》中孙悟空与二郎神、孙悟空与羊角大仙的神变斗法，就和舍利弗与劳度叉斗法的情节十分相似。

莫高窟第9窟　劳度叉斗圣变之外道皈依　晚唐

绣出来的佛像和佛经

刺绣是中国传统的手工艺，历史源远流长。数千年来，刺绣的发展大体从刺绣衣裳，扩展到刺绣日用品，之后又延伸到刺绣观赏品。早在秦汉时期，刺绣工艺已相当发达。马王堆一号汉墓出土的竹简“遣册”中记载着3种刺绣名称，即信期绣、乘云绣和长寿绣。南北朝时期，因为佛教盛行，出现了刺绣的佛像。隋唐以后，佛教深入民心。武则天时，曾下令宫女绣千手千眼观音像并颁行天下，由此可见唐代绣佛之风盛行。关于刺绣的记载很丰富，但保存下来的实物却寥寥无几，藏经洞出土的刺绣品因此就显得格外珍贵。

敦煌藏经洞出土的刺绣品，主要是佛寺的供养具，包括佛像、佛经、幡、伞盖等，以及大量的刺绣残片。其中，保存得最完好、最大幅的要数收藏于大英博物馆的Ch.00260《凉州瑞像图》了。这件绣品长241厘米，宽159.5厘米，是目前所见中国古代刺绣中最大的一幅。位于最中间的主尊佛像身披红色袈裟，他的左手握着袈裟的一角，右手自然垂下，他身后的背景是岩石组成的山。从姿态

敦煌刺绣 Ch.00260 《凉州瑞像图》

和背景来看，这都是典型的凉州瑞像的样子。

瑞像，就是那些所谓显现过某种奇迹的佛像。传说公元415年，高僧刘萨诃来到凉州番禾郡东北的御谷山前。他远远对着这座山深深行了个礼，别人看到问他为什么拜山？刘萨诃说，这里将来会出现一尊天然的佛像。他预言，如果这尊像是完整的，那么世道太平、百姓安乐；如果这尊像有所缺损，那世间动荡、百姓受苦。87年后的一天，一阵狂风暴雨之后，真的从御谷山中挺出一尊大立佛，但是这尊佛像没有头。当地人找工匠雕佛头想装到佛身上，但刚装好的佛头瞬间就掉下来。公元560年，在凉州城东100公里的七里涧发现了一颗佛头，把这颗佛头安到御谷山佛像的身上，竟然是严丝合缝一点不差！不过传说毕竟只是传说，其中的“神奇”不过是当时的人为了达到某种目的而人为的结果。因为这尊神奇的佛像出现在凉州，所以被称为“凉州瑞像”，敦煌的这幅刺绣也就被称为《凉州瑞像图》。

这件巨型的绣品，由于作品面积很大，使用了绢和麻布两层绣地，全部用劈针法绣制。劈针是在刺绣时后一针从前一针绣线的中间穿出再前行。这幅绣佛的大多数针脚较长，长度在0.8厘米到1厘米之间，显得较为粗疏。劈针法相对来说行线比较方便，因此也更适合绣制大型的作品。敦煌发现的以佛教为题材的绣品几乎全部采用这种刺绣技法。

敦煌刺绣 Ch.00260 《凉州瑞像图》局部

保存于法国国家图书馆的敦煌文献 P.4500《佛说斋法清净经》，是藏经洞出土的唯一一件刺绣佛经。这件绣品在灰蓝色的绢地上以本色丝线，同样用劈针技法绣出佛经48行，每个字约2厘米见方。历史记载，唐永贞元年（805），14岁的奇女子卢眉娘能在一尺绢上绣出七卷本的《法华经》。每个字的大小，不超过粟粒，笔画细如毛发又很清楚，佛经完整没有缺失。这大概可以称之为“微绣”吧。

敦煌文献 P.4500 《佛说斋法清净经》局部

敦煌这件佛经在刺

绣时，先在绢地上用墨线打框，然后用墨书书写经文，最后采用劈针绣法以浅褐黄色无捻丝线绣成。这件作品，技法虽不如传说中的卢眉娘，但也字迹工整。如此多的汉字，在仅有27.8厘米的绣面上刺绣出来，足以说明唐代刺绣技艺的高超。同时，也反映出当时人们对佛教经义的虔诚，否则不会花如此代价用刺绣的方式来表达对佛经本身的敬重。

李白诗曰“翡翠黄金缕，绣成歌舞衣”，白居易也说“红楼富家女，金缕刺罗襦”，这些对于刺绣的咏颂流传至今。而敦煌藏经洞的这些唐代绣品，反映出刺绣在唐代的大发展。由于丝绸之路的繁荣，中外交流的增多，刺绣的纹样越来越丰富，技法也得到改进。随着佛教本土化的发展，刺绣的佛像和佛经逐渐兴起。中国悠久的刺绣艺术在当时的潮流下，愈发锦绣辉煌。

纪年最晚的敦煌文献

藏经洞封闭于何时？一直是敦煌历史上的难解之谜。据现在所知，其中收藏得最晚的有明确纪年的是敦煌文献 Дx.1696《咸平五年曹宗寿造帙疏》，现收藏于俄罗斯科学院东方文献研究所。一件全文为“施主敦煌王曹宗寿与济北郡夫人氾氏，同发信心，命当府匠人编造帙子及添写卷轴，入报恩寺藏讫。维大宋咸平五年壬寅岁五月十五日记”。同号另一件文字一模一样，只是时间是同年的七月十五日。

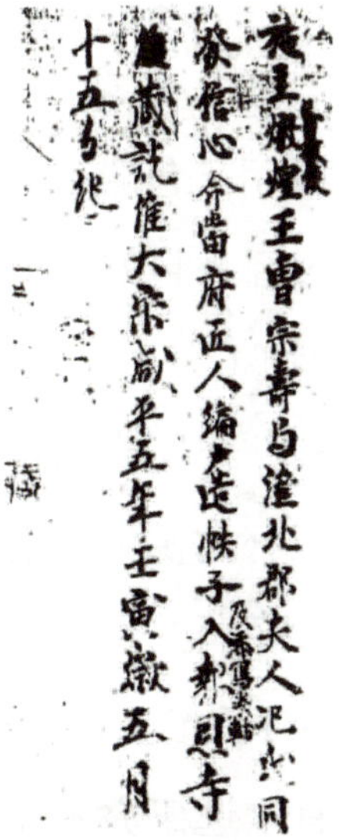

敦煌文献 Дx.1696

《咸平五年曹宗寿造帙疏》

之一

这是向敦煌报恩寺布施物品的记录，施主曹宗寿是曹氏归义军第七任节度使，他的父亲是第五任节度使曹延恭。曹延恭去世后，归义军节度使之位并未父死子继，而是由他的弟弟曹延禄继承。曹延禄统治时期，敦煌的归义军政权内忧外患，内部矛盾丛生，外有东西两支回鹘势力的侵扰。咸平五年（1002），归义军内部发生兵变，曹延禄及其弟曹延瑞被杀，之后曹宗寿接替执掌归义军大权。虽然历史上只用“竖牛作乱”的典故记录这件事，但曹宗寿无疑成为主导兵变的最大嫌疑人。被后人怀疑杀害叔父上位的曹宗寿即位后，同年也获得了宋王朝的认可。

正是在这一年，自称“敦煌王”的曹宗寿与他的夫人氾氏向报恩寺进行了布施。报恩寺位于当时的敦煌城内，是一座从盛唐时就已存在的古老寺院。这座寺院的人数从中唐时的31人到晚唐时增加到47人，属于唐宋时期敦煌著名的大寺。敦煌本地著名的僧人金霞、慈惠、庆力、法眼、福惠、愿德等都在这座寺院出家，莫高窟第148、346等窟还有此寺僧人慈惠等人的画像。北宋天禧三年（1019），敦煌多所寺院合修天禧塔时，这座寺院的僧人也参与了。

施入物品中的“帙子”，也称“经帙”“书衣”，是用来包藏卷轴佛经的包袱皮。藏经洞刚被打开时，里面的卷轴就是被经帙包好后，一层层累在洞窟中的。这些经帙的材质不同，有竹、织物（布、锦、绫、缎）、纸质和草编四类，多数情况一帙包裹10个卷轴。“添写卷轴”就是为报恩寺增加写经，这应是曹宗寿夫妇为报恩寺配补的佛经。根据这件时间最晚的《咸平五年曹宗寿造帙疏》可知，藏经洞的封闭至少在1002年之后，也由此引发了关于藏经洞封闭原因的各种推测。

无论怎样，敦煌藏经洞就像一座巨大的宝库，有永远研究不完的资料，也有永远解不开的谜题……

敦煌经帙 EO.1199

参考文献

[1] 陈寅恪 . 读秦妇吟 [J]. 清华大学学报 (自然科学版)，1936(04).

[2] 洪贯之 . 第一部药典——新修本草简介 [J]. 上海中医药杂志，1957(10).

[3] 黄广生 . 韦庄自禁《秦妇吟》原因再析 [J]. 吉林大学社会科学学报，1979(04):4.

[4] 季羡林 . 一张有关印度制糖法传入中国的敦煌残卷 [J]. 历史研究，1982.

[5] 施萍亭 . 本所藏《酒账》研究 [J]. 敦煌研究，1983:14.

[6] 张锡厚 . 敦煌话本研究三题 [J]. 甘肃社会科学，1983(02):6.

[7] 李鼎文 . 读佚名《敦煌廿咏》[J]. 西北师大学报 : 社会科学版，1983(04):5.

[8] 朱定华，王淑民 . 敦煌医学卷子研究概述 [J]. 中医杂志，1986(04):58-60.

[9] 高国藩 . 敦煌本《秦妇吟》新论 [J]. 许昌学院学报，1987(03):5.

[10] 郝春文，许福谦．敦煌写本围棋经校释[J]. 敦煌学辑刊，1987(02):10.

[11] 韩云波．韦庄《秦妇吟》失传之谜新探[J]. 唐都学刊，1993(02):4.

[12] 方广锠，许培铃．敦煌经帙[J]. 敦煌学辑刊，1995(01).

[13] 雷闻．从S.11287看唐代论事敕书的成立过程[M]// 荣新江．唐研究：第1卷．北京：北京大学出版社，1995.

[14] 季羡林．敦煌学大辞典[M]. 上海：上海辞书出版社，1998.

[15] 郑阿财，朱凤玉．敦煌蒙书研究[M]. 兰州：甘肃教育出版社，2002.

[16] 赵和平．武则天为已逝父母写经发愿文及相关敦煌写卷综合研究[J]. 敦煌学辑刊，2006(03):22.

[17] 施政．唐太宗书法综论[D]. 南京：南京师范大学，2006.

[18] 谭蝉雪．敦煌民俗——丝路明珠传风情[M]. 兰州：甘肃教育出版社，2006.

[19] 让－马克·博奈－比多，弗朗索瓦丝·普热得瑞，魏泓著，等．敦煌中国星空：综合研究迄今发现最古老的星图(上、下)[J]. 敦煌研究，2010.

[20] 王乐，赵丰．从敦煌发现的刺绣看唐代刺绣的种类及其变化[J]. 丝绸，2012.

[21] 王菡薇．敦煌东晋纪年《法句经》写本研究[J]. 学术研究，2012(12).

[22] 冯培红．敦煌的归义军时代[M]. 兰州：甘肃教育出版社，2013.

[23] 陈一梅 . 柳公权《金刚经》敦煌本书法考评 [J]. 书法，2013(12).

[24] 李冰林 . 浅谈唐太宗《晋祠铭》《温泉铭》艺术特色 [J]. 科教文汇，2014.

[25] 邓文宽 . 敦煌本 S.3326号星图新探——文本和历史学的研究 [M]// 中国敦煌吐鲁番学会等 . 敦煌吐鲁番研究第十五卷，上海：上海古籍出版社，2015.

[26] 王惠民 . 敦煌佛教图像研究 [M]. 杭州：浙江大学出版社，2016.

[27] 贾小军 . 河西出土魏晋十六国文献纪年信息申论 [J]. 敦煌研究，2016(5).

[28] 吴芳思，马克 · 伯纳德 . 寻踪敦煌古书《金刚经》：世界纪年最早的印本书籍 [M]. 桂林：广西师范大学出版社，2019.

[29] 孟宪实 . 从“诏书”到“制书”[J]. 文献，2019(5).

[30] 李正宇 . 陇上学人文存 · 李正宇卷 [M]. 兰州：甘肃人民出版社，2020.

[31] 汪岩青 . 敦煌唐代咸亨至仪凤年间的宫廷写经 [D]. 上海：上海师范大学，2021.

本书为甘肃省委组织部“2019年度省级重点人才项目”《敦煌写经的新阐释》的最终成果。